全国社会组织教育培训基地（安徽师范大学）
系列研究丛书

徐　彬◎主编

社会组织与自我服务

SHEHUI ZUZHI YU ZIWO FUWU

安建增◎著

Sociology

安徽师范大学出版社
ANHUI NORMAL UNIVERSITY PRESS
· 芜湖 ·

图书在版编目(CIP)数据

社会组织与自我服务 / 安建增著 .— 芜湖：安徽师范大学出版社，2020.5
ISBN 978-7-5676-4449-6

Ⅰ.①社… Ⅱ.①安… Ⅲ.①社会组织 – 研究 – 芜湖 Ⅳ.①C912.21

中国版本图书馆 CIP 数据核字(2020)第 164860 号

社会组织与自我服务　　　　　　　安建增◎著

责任编辑：吴毛顺　丁　翔　　　责任校对：盛　夏
装帧设计：张　玲　　　　　　　责任印制：桑国磊
出版发行：安徽师范大学出版社
　　　　　芜湖市九华南路189号安徽师范大学花津校区
网　　址：http://www.ahnupress.com/
发 行 部：0553-3883578　5910327　5910310(传真)
印　　刷：苏州市古得堡数码印刷有限公司
版　　次：2020年5月第1版
印　　次：2020年5月第1次印刷
规　　格：700 mm×1000 mm　1/16
印　　张：10.75
字　　数：162千字
书　　号：ISBN 978-7-5676-4449-6
定　　价：36.00元

总　序

　　随着全面深化改革的推进和社会主义市场经济的发展，以社会团体、基金会和民办非企业单位（社会服务机构）为主体的社会组织发展越来越迅速，对全社会的服务作用也越来越大，在促进经济发展、繁荣社会事业、创新社会治理、扩大对外交往等方面发挥了积极作用。党的十八大和十八届二中、三中、四中、五中全会都明确强调，社会组织建设和发展具有重要的时代意义和战略意义，是加快转变政府职能、创新国家治理体系、提升社会治理能力、改善公共服务供给的基础性条件。各级党委和政府也十分注重社会组织建设，明确了社会组织管理体制的发展目标，推动了社会组织管理制度改革，优化了社会组织发展环境，促进了社会组织健康有序发展，激发了社会组织活力。在某种程度上可以说，社会组织已经成为名副其实的社会主义现代化建设的重要力量。

　　安徽师范大学历史与社会学院长期以来一直秉持着"顶天立地"的研究理念，既把握国际国内学术前沿，展开理论研究，又有强烈的现实关切，立足实践研究。正是在这种理念的指导下，我们紧扣社会组织建设与发展实践，于2009年开始组建"社会组织研究团队"。经过几年的建设，该研究团队已汇聚了十余个学术骨干，年富力强、结构合理。研究范围涉及社会组织的方方面面，既有理论研究又有对策研究，既有社会组织的历史发展研究又有社会组织的当代实践研究，既有社会组织管理体制改革、管理实践创新和宏观政策体系研究，也有社会组织内部建设、内部治理和工作案例研究。该研究团队成立以来，承担了各级各类研究项目50余项，出版、发表学术成果100余部（篇）。2016年，在该研究团队的支撑下，安徽师范大学成功获批首批"全国社会组织教育培训基地"（全国首批仅获批19家）。

本丛书是安徽师范大学"社会组织研究团队"的最新系列成果。其具有如下三个突出特点：

一是时代性。本丛书作者紧密结合"政社分开、权责明确、依法自治的现代社会组织体制"这一大背景，以国家治理体系和治理能力的现代属性为依据，选择具体论题展开理论研究、提出咨政建议。在研究过程中，注重深入归纳、总结与提炼社会组织建设与发展的先进经验和实践，展望社会组织的现代化发展愿景，使得本丛书既凸显了时代针对性，又体现了时代创新性。

二是本土性。本丛书严格依循"中国视角"，从本土化的社会组织建设"热点"中选择研究主题，以中国社会组织实践为研究素材，以中国社会组织内部治理为研究案例，以中国社会组织的现代化发展为着眼点，以服务于中国的社会组织发展为宗旨。

三是开放性。本丛书是"开放"的，它立足于全国社会组织教育培训基地（安徽师范大学）这个平台，设计了多个专题研究方向，但丛书包含的具体研究成果并没有局限于此，随着社会组织建设与发展实践的持续推进以及该团队学术研究的进一步深化，我们还会持续地推出新的成果。

我们殷切希望学界和业界专家、读者就本丛书的研究主题、研究方法、研究思路、研究内容、研究结论和咨政建议等提出建设性的意见和建议，以便我们进一步改进。

全国社会组织教育培训基地（安徽师范大学）系列研究丛书主编

安徽师范大学历史与社会学院院长、教授、博导

徐 彬

2017年9月

序

十八大以来，党中央对统战工作做出了新判断，提出了新论断，进行了新部署。这要求我们结合工作实际，积极探索，勇于创新。进入新时代，传统的阶层关系和社会结构发生了许多新变化，新的统战对象不断涌现。这也需要统战工作具有充分的适应性，不断拓展统战途径、持续创新统战平台。2015年成立的弋江区"创二代"联谊会（依法在弋江区民政局正式登记注册的社会组织）就是我们探索出的一种新的统战途径和工作平台。

经过一段时间的运行，弋江区"创二代"联谊会取得了一定的成绩，也暴露出一些问题。为了系统全面地总结经验，查找问题，分析原因，我们委托安徽师范大学"社会组织研究团队"对其开展深入研究。目的是通过"解剖麻雀"的方法，了解掌握社会组织统战的实际情况，为进一步加强和创新社会组织统战工作出谋划策。

以安建增副教授为主持人的课题组依据研究设想，多层面搜集资料，全方位展开研究，付出了很多。该书是课题组提交的最终研究成果，虽然只有十余万字，但思路清晰、结构合理，行文流畅、思维缜密，论据充分、论证有力，思想深刻、观点新颖，对社会组织统战工作而言，已经十分厚重，具有很强的启发性。据我所知，国内目前已经发表了不少关于社会组织统战的研究论文，但学术专著尚不多见。这也说明，该项目和该成果具有创新性。

我们弋江区委统战部将在习近平新时代中国特色社会主义思想的指导

下，在区委统一领导下，进一步协同区委组织部、区民政局等部门，加强对社会组织统战工作的研究谋划和总结反思，积极探索社会组织统战工作的新思路和新方法，不断推进党的统战事业向更高层次发展。

　　是为序。

陈胜江

2019年1月

目　录

第一章 引　论 ……………………………………………………001

一、研究缘起 ………………………………………………001

二、基本概念 ………………………………………………003

三、研究对象 ………………………………………………013

四、研究方法 ………………………………………………016

五、研究框架 ………………………………………………018

六、研究意义 ………………………………………………019

第二章　理论基础:社会组织自我服务的运行逻辑 ……………020

一、社会组织自我服务的基本类型 ………………………020

二、社会组织自我服务的初始逻辑 ………………………024

三、社会组织自我服务的观念基础 ………………………057

四、社会组织自我服务的运行机制 ………………………064

五、社会组织自我服务的主要内容 ………………………073

第三章　案例呈现:弋江区"创二代"联谊会的自我服务实践 ………078

一、弋江区"创二代"联谊会服务网络的生成 ……………078

二、弋江区"创二代"联谊会的自我服务活动 ……………091

三、弋江区"创二代"联谊会的自我服务功能 ……………093

四、弋江区"创二代"联谊会自我服务的困境 ……………120

第四章　环境解析:社会组织实施自我服务的条件 …………………134

　　一、直接推动:弋江区探索构建社会组织统战工作体系 …………135

　　二、间接保障:弋江区有效加强社会组织建设培育工作 …………140

第五章　发展对策:社会组织自我服务工作创新 …………………145

　　一、营造氛围 ……………………………………………………145

　　二、理顺体制 ……………………………………………………147

　　三、建设载体 ……………………………………………………148

　　四、健全机制 ……………………………………………………150

　　五、规避风险 ……………………………………………………152

参考文献 …………………………………………………………154

后　记 ……………………………………………………………160

第一章 引 论

本章的目的在于概括介绍本研究，具体内容包括研究缘起、基本概念、研究对象、研究方法、研究框架和研究意义等。

一、研究缘起

本研究源起中共芜湖市弋江区委统战部（以下简称"弋江区委统战部"）的工作实践。切实开展社会组织统战工作，是新时代统一战线围绕中心、服务大局的新领域，也是针对新阶层人士凝聚新共识、新力量的新路径。弋江区委统战部近年来将社会组织统战工作作为统一战线工作的新拓展、新手段和新路径，以"大统战格局"的构建为目标，探索创新了多层次的社会组织统战工作体系，既通过建立领导协调机制、工作联络机制、"三阶六步，循环议事"基层协商机制、教育培训机制等发挥社会组织的正向功能，又通过主动培育的方式建设与统一战线工作直接相关的社会组织，实现载体搭建的目标。弋江区"创二代"联谊会是弋江区委统战部培育发展的社会组织之一。为更好地总结弋江区"创二代"联谊会的实践经验，探讨社会组织统战工作的实施路径、操作机制、影响因素和发展对策等，弋江区委统战部设计了本研究项目，并委托安徽师范大学历史与社会学院展开研究，笔者作为项目组负责人承担具体操作工作。因此可以说，本研究的首要动因是弋江区委统战部的社会组织统战工作实践。

　　本研究的第二个动因是社会组织理论研究视野拓展的需要。从结构功能主义的角度看，功能是结构存在的基础，结构因需求而得以建立，若结构不能发挥预期的功能，其将缺乏价值依托，失去存在的意义①。社会组织也是一样，"所有的社会组织都是一定社会需要的产物，它们通过一定的组织、结构、活动等产生特定的价值和效能，满足一定的生活需要，因而所有的社会组织都有其特定的社会功能"②。研究社会组织的国际权威莱斯特·M.萨拉蒙等就曾从"服务"和"表达"两个方面来概括社会组织的功能③。中共中央办公厅、国务院办公厅印发的《关于改革社会组织管理制度促进社会组织健康有序发展的意见》（中办发〔2016〕46号）也指出，社会组织是我国社会主义现代化建设的重要力量，要"充分发挥社会组织服务国家、服务社会、服务群众、服务行业的作用"。社会组织的服务功能分为两个方面：一是外向性的服务，公益性较强，面向全社会展开；二是内向性的服务，即自我服务，面向组织成员实施，具有共益性④。在服务国家、服务社会、服务群众和服务行业的过程中，既可以遵循外向性路径，又可以遵循内向性路径，两种路径同等重要，皆不可或缺，因此不可偏废⑤。在罗伯特·D.帕特南看来，我们得改变一下关于服务行动规则的看法，超越单纯地具有社会支持属性的外向性服务，而应同时将基于自我管理、自我教育和自我监督的自我服务纳入整个社会服务体系当中⑥。从这个意义上看，国家治理体系与治理能力现代化的目标要求充分建构并激发社会服务体系和自我服务体系的活力⑦。党的十九大报告也明确指出，

---

　　① 王水雄：《博弈—结构功能主义——对和谐社会基本功能机制的探讨》，中国人民大学出版社2012年版，第6—7页。

　　② 王名：《社会组织论纲》，社会科学文献出版社2013年版，第98页。

　　③ 徐宇珊：《莱斯特·M.萨拉蒙、S.沃加斯·索可洛斯基：〈全球公民社会——非营利部门国际指数〉》，《公共管理评论》，2008年第1期，第126—131页。

　　④ 王名：《社会组织论纲》，社会科学文献出版社2013年版，第103—104页。

　　⑤ 埃莉诺·奥斯特罗姆：《公共资源的未来：超越市场失灵和政府管制》，郭冠清，译，中国人民大学出版社2015年版，第12页。

　　⑥ 罗伯特·D.帕特南：《使民主运转起来：现代意大利的公民传统》，王列、赖海榕，译，江西人民出版社2001年版，第102—104页。

　　⑦ 冯仕政：《社会治理新蓝图》，中国人民大学出版社2017年版，第106—107页。

加强社区治理体系建设，推动社会治理重心向基层下移，发挥社会组织作用，实现政府治理和社会调节、居民自治良性互动①。但客观而言，目前学界关于社会组织外向性服务的研究相对较多，也较为成熟，而关于内向性自我服务的研究相对薄弱，对于自我服务的内在机理与外部条件、所涉各行为体的行动逻辑与动态关系等关注不够。正是基于此，笔者将"社会组织与自我服务"作为研究论题，恰逢弋江区委统战部有深度剖析弋江区"创二代"联谊会的意向，这使得本研究被提上议程并迅速落实。

二、基本概念

概念的明晰是学术对话的基础，明确研究所涉核心概念也是框定研究范围、明确研究对象的基础②。本研究涉及的核心概念主要有两个：一是社会组织，二是自我服务。

（一）社会组织

社会组织是一个非常"复杂"的概念，内涵很丰富、外延很多样。

1.与社会组织相关、相似的概念

在国内外的学术成果、法律法规中，与社会组织相关、相似的概念很多。例如，非政府组织（NGO）、非营利组织（NPO）或非营利部门、第三部门（或称"第三域"）、民间组织、社会组织、志愿组织、慈善组织、非政府公共组织（非政府公共部门）和免税组织，等等③。这些概念各有所指，在不同的时期、不同的语境中被使用。莱斯特·M.萨拉蒙曾指出，每一种称呼都至少会部分地误导着人们的视线；但同时，每一种称呼又反映了该领域的某一方面的性质。换言之，无论是哪种称谓，都没有对错之

① 习近平：《决胜全面建成小康社会　夺取新时代中国特色社会主义伟大胜利——在中国共产党第十九次全国代表大会上的报告》，人民出版社2017年版，第49页。

② 张凤阳，等：《政治哲学关键词》，江苏人民出版社2006年版，第3页。

③ 徐彬主编：《探索与前行：社会组织研究论文集》，安徽师范大学出版社2014年版，第2页。

分，只是因语境不同或使用者强调的侧重点不同而不同；当然，每一种称谓也都存在某些"误导"性的成分，使其存在缺憾，如表1-1所示。

表1-1　社会组织相似概念比较一览表

称谓	该称谓所反映的属性"侧重点"	该称谓的不足
非政府组织	该称谓强调此类组织是"非"政府的，属政府之外的与政府不同的组织，在产生路径、运行规则、资源来源等方面有别于政府	该称谓对此类组织的目的属性未加概括，"非"政府的组织既可能是追求公益的，也可能是追求私益的，未能明确区分社会组织与市场组织
非营利组织或非营利部门	该称谓明确了此类组织目的属性——是"非"营利的，是以公共利益的实现为组织目标，与活跃于市场的以利润为目标的企业不同	该称谓对此类组织的身份属性未加概括，"非"营利的组织既可能是体制内的（政府的），也可能是体制外的（非政府的），未明确区别社会组织与政府组织
第三部门（或称"第三域"）	该称谓强调此类组织是与政府组织、市场组织相区别的"第三类"组织，既不是政府也不是企业	该称谓虽然明确区分了三类组织，但"第三"这种顺序性的称谓并未直接反应其组织属性，仅说明了其"不是什么"，而未概括其"是什么"
民间组织	该称谓强调此类组织是政府之外的，是"民间的"而不是"官方的"	该称谓与"非政府组织"这一称谓的缺陷一样，未能概括此类组织的功能和目的属性
社会组织	该称谓以"国家—社会—市场"三元分析框架为依据，强调此类组织是与政府组织、市场组织并列的另一种组织	从社会学的角度看，在人类社会上存在的所有组织都可以被称为"社会组织"。换言之，该称谓易被理解为"社会中的组织"。因此，该称谓显得有些笼统
志愿组织	该称谓强调此类组织的运行既不遵循公共权力的行政规则，也不依赖市场的理性规则，而是以志愿规则为纽带	志愿规则仅仅是社会组织运行所依据的规则之一，在实践中社会组织并不排斥行政规则和市场规则。因此，该称谓并未全面概括其运作属性
慈善组织	该称谓强调此类组织的慈善属性——出于对弱势群体的关爱，而以捐赠、无偿服务等为特征	该称谓概括出了社会组织的目的属性，但过于狭窄。因为，虽然社会组织具有公益功能，但公益的外延要远大于慈善

称谓	该称谓所反映的属性"侧重点"	该称谓的不足
非政府公共组织（非政府公共部门）	该称谓既表明了此类组织的民间属性（非政府的），又表明了该类组织的目的属性（公共性）	这是一个在理论上相对"周延"的概念，但其外延相对较广，有宽泛之嫌
免税组织	该称谓强调此类组织具有公共性，依法享有税收优惠，在特定的领域内免于缴纳税收	这一称谓仅仅强调了组织在税收方面的一种特性——因公益性而免于缴纳税收。因此，该概念更多属于法律操作层面，学理性较差

2.社会组织的具体形态

在现实中，社会组织的具体表现形态十分多样，类型之多令人难以置信[1]。单就我国的管理体制和政策框架而言，社会组织包括三大类：社会团体、基金会和社会服务机构（也称为"民办非企业单位"，下同）。每一类社会组织又包含很多小类，比如社会团体可分为学术类、联合类、行业类和专业类等；基金会可分为公募和非公募两类；社会服务机构可分为科技服务类、生态环境类、教育类、卫生类、社会服务类、文化类、体育类、法律类、工商业服务类、宗教类、国际及其他涉外组织类等。另外，民政部发布的《2017年社会服务发展统计公报》显示：截至2017年底，全国共有社会团体35.5万个，除了正常的类别外，"其他类"有6.8万个，占比19.15%；社会服务机构40万个，除了正常的类别外，"其他类"有3万个，占比7.5%。作为不好归类的"其他类"数量如此之多、占比如此之高，从另一个侧面说明社会组织的具体形态十分复杂，极其多样。莱斯特·M.萨拉蒙曾指出，这些机构被冠以"非营利的""自愿性的""公民社会的""第三的"或"独立的"部门，然而这些机构常常包含令人迷惑的实体名称——医院、大学、社会俱乐部、职业组织、日托中心、环境组织、家庭咨询服务代理机构、体育俱乐部、职业培训中心、人权组织以及其他

---

① 何增科主编：《公民社会与第三部门》，社会科学文献出版社2000年版，第244页。

等①。我国学者康晓光等就将社会组织分为15类，如表1-2所示②。

表1-2 社会组织分类一览表

模式	组织类型	发起主体	治理结构	资源结构	产品属性	活动及功能
1	人民团体和依法免登记的社会团体	政府	政府主导型	政府	互益性准公共物品	政治参与、利益集团
2	官办的宗教团体,包括佛教、道教、基督教、天主教、伊斯兰教等宗教协会	政府	政府主导型	政府+会员	互益性准公共物品	宗教信仰
3	村委会、居委会等基层群众性自治组织	政府	政府主导型	政府	互益性准公共物品	地域性社区服务、执行政府任务
4	有经营性收入的事业单位	政府	政府影响型	政府+自身经营收入	准私人物品	提供公共服务
5	有经营性收入的社会服务机构	民间	组织自主型	自身经营收入+社会	准私人物品	提供公共服务
6	官办的公益性民间组织,通常为社会团体、基金会	政府	政府影响型	社会+政府+海外	公益性准公共物品	解决社会问题
7	政府发起成立的协会、商会、学会等互益性组织	政府	政府影响型	会员+政府	互益性准公共物品	行业、社会联合
8	民间发起成立的各种公益性社会团体和公益性基金会	民间	组织自主型	社会+海外	公益性准公共物品	解决社会问题

---

① 莱斯特·M.萨拉蒙,等:《全球公民社会——非营利部门视界》,贾西津、魏玉,等译,社会科学文献出版社2002年版,第3页。

② 王名主编:《中国民间组织30年——走向公民社会》,社会科学文献出版社2008年版,第290—298页。

模式	组织类型	发起主体	治理结构	资源结构	产品属性	活动及功能
9	公益性的挂靠组织，单位或社区内部的各种公益性组织，以及各种合法民间组织设置的二级机构	民间	组织自主型	社会+海外	公益性准公共物品	解决社会问题
10	民间发起成立的互益性社会团体，以及归口管理下的宗教组织、业主委员会等	民间	组织自主型	会员	互益性准公共物品	个殊性需求
11	互益性的挂靠组织、在单位或社区内部活动的各种互益性组织，以及各种合法民间组织设置的二级机构	民间	组织自主型	会员	互益性准公共物品	个殊性需求
12	街头、公园内的各种兴趣组织，互联网上的虚拟社区等	民间	组织自主型	会员	互益性准公共物品	个殊性需求
13	以企业形式注册的各种民间组织	民间、海外	组织自主型	社会+海外	公益性准公共物品	解决社会问题
14	民间发起成立的游离于政府体制之外的民间组织，包括依法登记注册的倡导性组织、维权组织、境外非政府组的分支机构	民间、海外	组织自主型	会员+社会+海外	互益性准公共物品	行业或社会联合、宗教信仰
15	从事非法活动的、没有合法身份的政治反对组织	民间	组织自主型	会员	互益性准公共物品	挑战执政党、反政府

我国学者王名也曾强调社会组织是一个极为庞杂并处于渐变的体系，虽然其属于"社会"领域，但同时既与国家（政府）体系有交集，又与市

场体系有交集①，如图1-1所示。

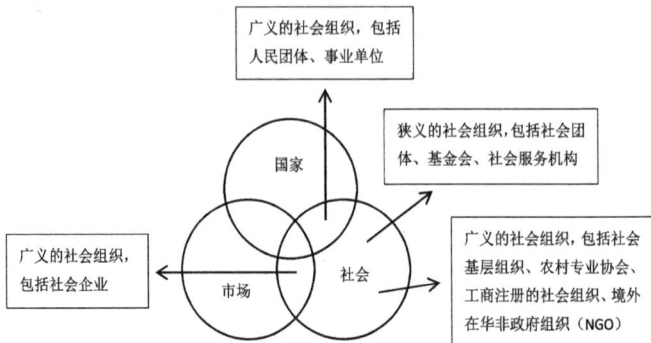

图1-1　社会组织概念

3.社会组织的定义方式

对于社会组织的定义，存在很多思路，每一种思路都反映并强调了社会组织的某种或某些特有属性。概括而言，目前关于社会组织的定义方式包括如下几种②：一是特点列举法，通过列举社会组织不同于其他组织的特点的方式来对其进行定义。如莱斯特·M.萨拉蒙就曾指出，不论它们如何多样化，这些实体都有一些共同特征——组织性、私有性、非营利属性、自治性和自愿性③。换言之，具有组织性、私有性、非营利属性、自治性和自愿性等特征的组织便可称为社会组织。二是外延列举法，通过列举具体类别和组织名称的方式来界定社会组织。在法律法规、标准、统计年鉴等当中多采用此种定义方法④。三是排除界定法，通过"不是什么"的角度来反向定义社会组织。由于社会组织本身的复杂性，使得学界常常依循"排除界定法"的逻辑来说明社会组织，其"常用名"——非政府组织、非营利组织（非营利部门）、第三部门（第三域）等，都属于此类。四是内涵式界定法，通过对社会组织特定内涵的归纳和概括来定义。这是最具学理性的定义思路，使用者也比较多。五是权威文件借用法，通过借用法律

---

① 王名主编：《中国民间组织30年——走向公民社会》，社会科学文献出版社2008年版，第3页。

② 徐彬主编：《探索与前行：社会组织研究论文集》，安徽师范大学出版社2014年版，第3—5页。

③ 莱斯特·M.萨拉蒙，等：《全球公民社会——非营利部门视界》，贾西津、魏玉，等译，社会科学文献出版社2002年版，第3—4页。

④ 席恒：《公与私：公共事业运行机制研究》，商务印书馆2003年版，第46—47页。

法规、领导人讲话、党和政府政策文本的称谓，来定义和说明特定概念。"社会组织"这一概念就属于权威文件借用法。虽然"社会组织"这一称谓早已有之，但在我国实务界和学界中使用却始于2007年。此前，民政部设"民间组织管理局"，专司社会团体、基金会、社会服务机构等民间组织的登记管理工作。2007年10月党的十七大报告首次提出"社会组织"概念，并明确指出"重视社会组织建设和管理"。2007年11月民政部在江苏省南京市召开的"全国社会组织建设与管理工作经验交流会"上，再次明确提出和使用"社会组织"称谓。自此，党和政府的工作和文件中开始用"社会组织"取代"民间组织"用来指称社会团体、基金会、社会服务机构等三种组织形态，我国的学术界也开始越来越多地使用"社会组织"[①]。

综上所述，社会组织是"复杂"的，要对其进行准确且符合实际的界定并非易事。因此，这里采取一个契合实践的定义方法：社会组织是指具有非营利法人地位、具有公共目标、指向公共行动和社会服务的，在民政部门登记注册获得合法身份的社会团体、基金会和社会服务机构[②]。这一定义包含三个要点：一是社会组织是"民间的"和"非政府的"，其运行逻辑、服务方式和治理结构都不同于政府部门。二是社会组织属于公共部门的一种，具有公共性，以提供公共物品或准公共物品为己任，其目的指向与营利组织不同。三是社会组织应该通过登记注册获得合法身份，是独立法人，具有自我管理、自主治理的属性，依法独立运行、自行决策，并承担法律责任。

这里顺便说明一下，本书的研究对象——弋江区"创二代"联谊会属

[①] 周红云：《中国社会组织管理体制改革：基于治理与善治的视角》，《马克思主义与现实》，2010年第5期，第113—121页。

[②] 这里需要强调一点："社会组织"这一称谓在字面上存在易混性——社会中的一切组织都可被称作"社会组织"。很多社会学原理、社会学理论方面的教材和著作都是在这一意义上使用"社会组织"概念的。此时，"社会组织"与"组织"的内涵和外延是一致的。不过，在中国语境中，"社会组织"是一个特指的概念，特指社会团体、基金会和社会服务机构（即民办非企业单位）。犹如扬州瘦西湖景区的"二十四桥"，其并非量词意义上的"二十四座桥"，而是特指某一座桥。该桥有24米长、2.4米宽，桥两侧共有24根栏杆，上下各有24级台阶。换言之，从字面上看，"二十四桥"可以被视作"二十四座桥"。但在特指意义上，"二十四桥"则是专指瘦西湖景区的那一座石桥。

于社会组织当中的社会团体。

（二）自我服务

《辞海》对"服务"一词的界定是："为集体或为别人工作"[①]。如果单从该定义来看，服务具有"社会支持"或"外部支持"的含义，是由特定主体为特定客体（对象）开展某种工作、提供某种支持，使得客体可以更好地生存和发展，或获得某种满足。如图1-2所示，服务作为一种过程，包含三层要素：一是主体性要素，是服务的供给者、生产者与递送者，在整个行动体系中居于主动地位。二是客体性要素，是服务的受益者和接收者，也是服务目的指向之所在。因此，服务客体的需求及其满足是服务内容与服务工具选择的依据，服务客体对于服务质量和数量的评价也是衡量与评判服务的依据。三是中介性要素，包含服务的手段与工具，服务的内容及其需求信息、评判信息等。可以说，是中介性要素将服务主体与客体连接了起来。正如马克思主义认为，实践是对象性的活动，服务实践存在着主体与客体（对象）的界分。

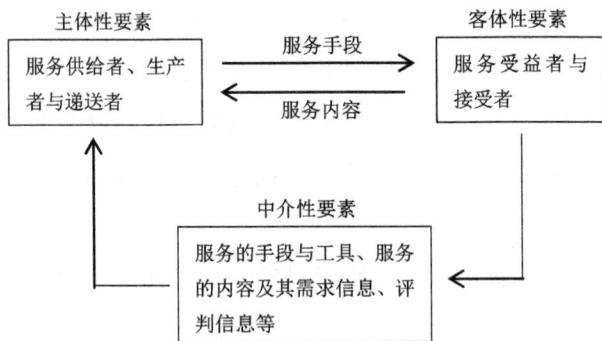

图1-2 服务的主客体关系示意

由于受益者的能力缺憾和内在不足，所以需要外部主体提供支持和服务。这使得服务行动系统中必然包含主体和客体两个部分，或者说，服务的主体与客体是"二分"的[②]。尤其是在个体意义上，服务体系中的主体

---

① 夏征农、陈至立主编：《辞海》第六版普及本，上海辞书出版社2010年版，第1097页。

② 梁君林、汪朝霞主编：《社会保障理论》，合肥工业大学出版社2011年版，第213—215页。

和客体常常是分开的，因此，不存在自我服务的情形。但是，服务的主体和客体都可能是群体意义上的，存在社会网络、社会合作的情形。在这种情况下，就可能会出现服务主体与客体合二为一的现象，自我服务因此而出现。简言之，自我服务指的是基于某种社会网络和合作而形成的参与者互益、共益的行动体系，在互动、互信和互赖的基础上实现互惠。

自我服务有如下优点：

第一，自我服务的服务行动迅速高效。服务行动产生于自我认知，可以快速便捷地展开服务行动，减少了与外部主体之间的交易成本。埃莉诺·奥斯特罗姆在其《公共事物的治理之道——集体行动制度的演进》一书中用大量的实例阐明：基于相互信任和相互监督的、在长期的合作和重复博弈基础上形成的自组织网络及其自我服务机制，是一种非常有效的制度安排，在公共池塘资源的配置、基层服务的供给等领域不亚于政府机制和市场机制[1]。

第二，自我服务的服务内容精准有效。在自我服务网络中，服务的需求者与提供者合二为一，"自己需要什么自己最清楚"，因此可以有效提高服务行动的回应性和针对性。比如，对于统一战线工作而言，在自我服务网络中，自我组织与管理者可以有效把握新时代党外人士、社会基层、新阶层的思想状况，分析其思想特点和动态，研判相关问题，便于有针对性地、精准地施加对策。

第三，自我服务的展开利于社会整合。自我服务体系在本质上汇聚了互动、互信、互赖和互惠的社会资本，整合了社会资源[2]。另外，在自我服务网络内部，本身就形成了自我教育、自我管理和自我监督的行动机制，可以发挥沟通联系、服务社会和行动引导等公共功能，不仅能够及时解决网络内部存在的问题、化解网络内部的矛盾和冲突，而且可以在全社会起到"润滑剂"和"缓冲器"的作用[3]。

---

[1] 埃莉诺·奥斯特罗姆：《公共事物的治理之道——集体行动制度的演进》，余逊达、陈旭东，译，上海三联书店2000年版，第50页。

[2] 王名：《社会组织论纲》，社会科学文献出版社2013年版，第103—104页。

[3] 于洋：《社会治理创新中的社会组织统战工作研究》，《上海市社会主义学院学报》，2016年第1期，第51—56页。

第四，自我服务利于激发对象积极性。自我服务在本质上是对服务对象"主体性"的表现，实现了服务主体与客体的互嵌与互构，不再片面地将服务对象"客体化"，相反，比较注重服务对象的参与和主动性的发挥。这既是对自主行动网络和自我管理的肯定，也有助于塑造服务主体与对象的良性合作关系，使服务过程充满"相互性"和"他在性"，从"心理模式"上转变了服务实践体系①。显然，自我管理强调的是：根据某集体所特有的"内在节奏"来赞誉自主品格或据此生活的积极品格②。在自我服务的语境中，个人和集体能够选择自己的行为方式，表达他们对生活的意义与价值的理解③。

第五，自我服务是积极的社会建构。从整个公共治理体系来说，自我管理无疑强调的是一种社会建构的思想。社会建构思想支持组织成员的自我治理能力，即通过互动来维持社会（和组织）秩序的能力④。对自我服务的强调，超越了单纯依靠政府提供公共服务、处理公共事务的思维方式，不再将一切问题交由政府解决，而将社会主体搭建的"水平性合作与人际的互动网络"视作公共治理体系中的基本行动力量。这种社会建构的实施，为整个社会搭建了一个多中心系统（Polycentric Systems），每一个层级、每一个单元都是自主的积极的行动者，通过这种"重叠"结构更能够无缝隙地生产并递送各类服务⑤。这也许就是"多中心治理"格局的妙处之所在⑥。

---

① 孔繁斌：《公共性的再生产——多中心治理的合作机制建构》，江苏人民出版社2012年版，第68—69页。

② 戴维·米勒、韦农·波格丹诺编，邓正来主编：《布莱克维尔政治学百科全书》，中国政法大学出版社1992年版，第693页。

③ 威廉·A.盖尔斯敦：《自由多元主义》，佟德志、庞金友，译，江苏人民出版社2005年版，第19页。

④ 全钟燮：《公共行政的社会建构：解释与批判》，孙柏瑛、张钢、黎洁，等译，北京大学出版社2008年版，第46页。

⑤ 埃莉诺·奥斯特罗姆：《公共资源的未来：超越市场失灵和政府管制》，郭冠清，译，中国人民大学出版社2015年版，第44页。

⑥ 孔繁斌：《公共性的再生产——多中心治理的合作机制建构》，江苏人民出版社2012年版，第69页。

三、研究对象

就宏观而言，本书的研究对象是"社会组织"。但就具体而言，本书的研究对象是弋江区"创二代"联谊会。换言之，本书以弋江区"创二代"联谊会为例来探讨社会组织与自我服务问题。

（一）案例对象简介

弋江区"创二代"联谊会成立于2015年11月；业务主管单位是中共芜湖市弋江区委统战部和芜湖市弋江区工商业联合会（以下简称"弋江区工商联"）；登记管理机关是芜湖市弋江区民政局；登记类型为社会团体。

根据《弋江区"创二代"联谊会章程》规定，其"是由弋江区内优秀的第二代非公有制经济人士（包括在父辈的企业中担任重要职务的优秀分子）自愿组成的非营利性社会组织"。也就是说，弋江区"创二代"联谊会的会员是承认其章程，自愿申请加入的弋江区范围内的第二代优秀的非公有制经济人士。截至2018年8月31日，弋江区"创二代"联谊会共有30余名会员。

弋江区"创二代"联谊会的宗旨是：遵守宪法、法律、法规和国家政策，遵守全国工商业联合会章程、遵守社会道德风尚，引导和教育会员爱国、守法、敬业，维护会员的合法权益，提高会员综合素质，在政府和会员之间发挥桥梁和调节作用，为弋江区经济社会转型、实现科学发展做出积极贡献。

围绕办会宗旨，弋江区"创二代"联谊会登记的业务范围有：（1）宣传党和国家有关方针、政策及法律、法规。（2）引导会员践行社会主义核心价值观，树立中国特色社会主义共同理想，为会员搭建教育成长平台。（3）为会员与政府部门及相关机构提供交流、沟通的渠道，反映会员诉求和建议，促进政企融合。（4）为会员提供交流合作和互通信息的平台，促进企业间的交流和合作。（5）为会员搭建金融合作交流平台。（6）培养会员创业、创新能力，提供各类教育、培训、考察和交流等服务。（7）引导会员弘扬中华民族传统美德，积极承担社会责任，热心公益事业，投身光彩事业。

（二）案例选择缘由

之所以选择弋江区"创二代"联谊会作为案例，主要基于以下几方面的思考。

第一，弋江区"创二代"联谊会具有鲜明的自我服务特征，这与本研究的内容相契合。例如，其宗旨中有这样的表述："引导和教育会员爱国、守法、敬业，维护会员的合法权益，提高会员综合素质，在政府和会员之间发挥桥梁和调节作用"。其业务范围更是明确了多个层面的自我服务功能：为会员搭建教育成长平台；为会员与政府部门及相关机构提供交流、沟通的渠道，反映会员诉求和建议，促进政企融合；为会员提供交流合作和互通信息的平台，促进企业间的交流和合作；为会员搭建金融合作交流的平台；培养会员创业、创新能力，提供各类教育、培训、考察和交流等服务；等等。从具体实践的角度看，弋江区"创二代"联谊会也的确开展了多种实实在在的自我服务工作，诸如：组织召开了主题为"新时代企业转型和发展"研讨会；多次组织会员赴业界领头、领先企业考察交流；代表会员多次参与统战部门、组织部门、政协部门等组织召开的座谈会、调研会，反映会员企业在转型升级、技术创新、市场拓展等方面的信息、诉求和建议；等等。因此，通过剖析弋江区"创二代"联谊会的自我服务路径和逻辑，能够获得有代表性、有可挖掘价值的研究信息，也对其他社会组织的服务实践具有借鉴意义。

第二，弋江区"创二代"联谊会的会员具有独特性。正如《弋江区"创二代"联谊会章程》所规定的，承认章程规定、赞成办会宗旨的"弋江区内优秀的第二代非公有制经济人士（包括在父辈的企业中担任重要职务的优秀分子）"，可自愿申请加入该社会组织。不难发现，其会员因三方面的限制而具有了独特性：一是区域范围方面的，其所属企业限定在芜湖市弋江区所辖范围之内；二是功能领域方面的，限定在"非公有制经济人士"；三是自身属性方面的，限定在"非公有制经济人士的第二代"。一方面，"非公有制经济人士"是我们党统战工作的重要对象，通过社会组织来搭建一种新的统战工作平台，来加强并实现非公有制经济人士的互联互通、自我整合与自我服务，是必要的，也是重要的①。另一方面，"创一代"完成了创业，使所在企业取得了显著的发展。但企业终究要从"创一代"交到"创二代"手中，因此，"创二代"是实现企业可持续发展的关键因素。做好"创二代"的统战工作，并实现"创二代"的自我服务和自我发展，无疑是推动经济社会健康、快速、持续和创新发展的关键环节。并且，经过四十多年的改革开放，"创二代"逐渐成长了起来，已经成为创新发展的生力军。因此，弋江区委统战部和弋江区工商联指导、支持成立的弋江区"创二代"联谊会是与时俱进之举，不仅选对了统战工作的新方向，而且选对了统战工作的新路径。在此意义上可以认为，弋江区"创二代"联谊会是有代表性的研究案例。

第三，弋江区"创二代"联谊会运行有效，更能呈现自我服务逻辑。自成立以来，弋江区"创二代"联谊会围绕着办会宗旨和业务范围、依据会员的需求，开展了多个层面的工作，既积极承担社会责任，组织开展爱心公益活动，参与应急救灾、"千企帮千村"精准扶贫等，又着重开展会员间的相互学习和交流工作，组织会员向行业领头领先企业学习，有效有序地发挥了社会整合和自我服务等积极功能。因此，以弋江区"创二代"联谊会为研究案例，对之进行深入剖析，有助于对自我服务的内在机理与外部条件、所涉各行为体的行动逻辑与动态关系等进行学理归纳。

---

① 吴东民、游文佩：《社会治理与社会组织统战工作》，《中央社会主义学院学报》，2016年第2期，第37—41页。

四、研究方法

研究方法对于任何一项研究都是重要的。合适的研究方法不仅可以推动研究过程的顺利展开，而且可以获取系统全面、真实有效的研究材料，进而得出令人信服的研究结论。本书主要采用的研究方法有三：案例分析法、访谈法和文献分析法。

（一）案例分析法

本书在整体上以弋江区"创二代"联谊会为案例，对其内部治理、外部支持、成员关系和服务机制等进行系统分析，借此来探讨社会组织提供自我服务的内在机理与外部条件、所涉各行为体的行动逻辑与动态关系等，归纳得出自我管理、自我服务、自我教育和自我监督的基本规律。需要指出，虽然案例研究在"许多现实情境和解释重要研究问题时具有明显的适用性"[①]，但仍不可否认案例研究有其不足的一面——案例研究更多将视角锁定在特定的、单个的实践、事件或组织上，通过"个性化"的现象来归纳得出整体结论，因此无法形成有效的"通则性概括"。为应对这一问题，笔者在开展研究时除了关注案例本身之外，还注意对相关问题展开综合分析，并注意讨论案例所得结论的普遍化问题。同时，除了利用弋江区"创二代"联谊会的案例材料外，还运用了笔者在其他调研过程中所收集到的相关案例。

（二）访谈法

在研究过程中，笔者对16名弋江区"创二代"联谊会的会员进行了访谈，约占全部会员的50%，且涵盖会长、副会长、理事和一般会员。同时，还就有关问题与弋江区"创二代"联谊会的业务主管单位弋江区委统战

---

① 罗伯特·K.殷:《案例研究方法的应用》,周海涛、夏欢欢,译,重庆大学出版社2014年版,第5页。

部、弋江区工商联的负责人，登记管理机关弋江区民政局的负责人进行了访谈。

对于不同的访谈对象，拟定了不同的访谈提纲。

针对弋江区"创二代"联谊会的会员设计的访谈内容包括：（1）参加过哪些由弋江区"创二代"联谊会举办的活动？对其中的哪些活动印象较深？（2）弋江区"创二代"联谊会带来的帮助和服务有哪些？对会员的发展有哪些积极影响？产生了什么作用？（3）弋江区"创二代"联谊会能否有效有序整合资源，及时回应并提供会员需要的服务？（4）弋江区"创二代"联谊会对社会整合、统战工作有哪些帮助？主要通过哪些方面来实现这种"帮助"的？（5）希望弋江区"创二代"联谊会在未来更多地发挥哪些作用？（6）目前弋江区"创二代"联谊会在内部治理、运作方式等方面有哪些需要改进的？怎样改进？

针对相关管理者设计的访谈内容包括：（1）弋江区"创二代"联谊会是否按照法律法规要求运行？（2）就党和政府的管理部门而言，弋江区"创二代"联谊会发挥了哪些积极功能？通过哪些方式、途径发挥这些功能的？比较有代表性的活动有哪些？（3）希望弋江区"创二代"联谊会在未来更多地发挥哪些作用？（4）目前弋江区"创二代"联谊会在内部治理、运作方式等方面有哪些需要改进的？怎样改进？

在实施访谈时，以"非结构式访谈"的方式展开。针对每一个访谈对象，通常采取三个步骤：一是根据访谈提纲依次提问，由被访者作答；二是根据被访者的回答，就其中与自我服务关系密切的内容进行追问，获得更加详细的信息；三是请被访者就自己的经历和感受，谈谈最想表达的内容（请被访者自由发挥、自主陈述）。通过这种非结构式的访谈，既能适度控制调研过程，使被访者按照访谈框架作答，提高调研效率，又能实现访谈双方的实时交流，获取更为深入和全面的信息[①]；既能把握访谈的节凑，获取笔者预设范围内的资料，又能发挥被访者的主动性，获取意料之外的信息，使研究素材更加全面。

---

① 风笑天：《现代社会调查方法》第五版，华中科技大学出版社2015年版，第137页。

（三）文献分析法

为了获得更为系统全面的资料和信息，笔者在研究过程中还采用了文献分析法。主要搜集和利用的资料有如下几种：一是弋江区"创二代"联谊会的章程、内部制度、工作计划与总结、会议记录、活动记录与活动报道等；二是弋江区关于社会组织建设、社会组织统战工作等方面的制度、举措等材料，它们是研究社会组织自我服务外部条件的支撑材料；三是与社会组织、自我服务、统一战线工作有关的理论文献。

五、研究框架

本研究遵循"理论框架—实证分析—对策建议"的分析思路。

（一）理论框架的建构

在理论上探析社会组织自我服务的运行逻辑，探讨社会组织自我服务网络的基本类型、初始逻辑、结构载体、观念基础、运行机制和主要内容等，搭建分析社会组织与自我服务的理论框架。这是本书第二章的基本内容。

（二）案例的解剖研究

依据理论框架开展实证研究，总结审视实践现状，这是本书第三章和第四章的内容。其中，第三章对弋江区"创二代"联谊会在自我服务方面的作用机制、基本领域、基本经验与模式、主要活动等进行详细阐述；研判弋江区"创二代"联谊会自我服务的成就与效应，分析其自我服务实践中存在的问题及原因。第四章聚焦弋江区"创二代"联谊会生成发展和作用发挥的外部环境，讨论支撑社会组织有效开展自我服务和自主治理的基本条件，以及这些条件的供给源。

（三）发展对策与建议

依据实证研究提出发展对策建议，这是第五章的主要内容。基于弋江区"创二代"联谊会以及弋江区社会组织建设的经验分析，结合社会组织自我服务和自主治理的理论框架，讨论加强社会组织建设、社会组织自我服务和自主治理的对策建议。

六、研究意义

本书兼具理论意义和实践价值。

（一）理论意义

从理论上看，本书聚焦社会组织的自我服务功能，以弋江区"创二代"联谊会为例来系统分析自我服务的内在机理与外部条件、所涉各行为体的行动逻辑与动态关系，同时阐释社会组织自我服务功能与统一战线工作的关联机理，既拓展社会组织的研究领域，又系统呈现自我服务的理论图景。

（二）实践价值

从实践上看，本书通过对弋江区"创二代"联谊会的案例研究，来阐述社会组织的自我服务机制及其保证条件、社会组织自我服务功能与统一战线工作的关联机制等，有助于推进社会组织服务实践创新，也有助于推动社会组织管理与培育工作的发展创新。

第二章　理论基础:社会组织自我服务的运行逻辑

本章的主要目的，是着力构建社会组织自我服务运行逻辑的理论框架。由于社会组织及其自我服务网络有多种类型，他们的运行逻辑各异。因此，首先对社会组织自我服务的基本类型进行了分析，随后依次讨论社会组织自我服务的初始逻辑、观念基础、运行机制和主要内容。本章是后续章节的理论基础。

一、社会组织自我服务的基本类型

如上文所述，自我服务在本质上属于服务主体与服务客体"二合一"的服务方式，具有强烈的自我管理意味，自我服务主体可以通过搭建自我服务网络和载体，依据自己的需要汇聚资源、展开行动[①]。因此，凡关涉自我服务的论题，都有一个相对性的问题，都有一个主体"我"和客体"我"的界分[②]。相对的领域和范畴不同，就会出现不同的自我服务主体，进而存在不同的自我服务类型。

对于"管理"而言，本身就存在着"管理他人"和"管理自己"双重属性。在"管理他人"的层面上，主体和客体是分开的——存在"他治者"和"被治者"的区分；在"管理自己"的层面上，主体和客体是合一

---

① 安建增:《政治哲学视野中的自治理论研究》,安徽师范大学出版社2015年版,第4页。

② 王京山:《自组织的网络传播》,中国轻工业出版社2011年版,第6页。

的——"他治者"和"被治者"为同一主体。对此,齐振海在《管理哲学》一书中指出[①]:

> 每一管理主体,为了确立和加强自己的主体地位,实现和发展自己的主体能力,都必须经常地把自己当作客体加以对待,对自己的思想、举止行为进行管理。人管理自己本身时,他便因之而成为"自我"本身所管理的主体。人受自我本身管理时,他的"自我"本身则成为管理的客体。在一定意义上可以说,主体之所以为主体,实质上就在于他能够把自己当作客体,自我意识、自我评价、自我管理。

因此,从不同的角度出发,管理的"主体"和"客体"会发生相对性地转换,服务的施动者和接收者也会随之发生转化。每一个自我服务系统都是上一级复杂系统的构成部分,内部也由下一级的系统(子系统)所组成,与上一级复杂系统相比,自我服务系统处于被管理、被服务的"客体"地位;与下级组成系统相比,自我服务系统则扮演服务供给者的角色;而就其自身整体而言,属于自我造血的治理主体[②]。因此,在讨论管理和服务的主客体关系时,随着分析范畴的变化,就会出现不同的自我管理和自我服务类型。概略而言,自我管理和自我服务的基本类型包括如下几个层次(见表2-1)。

表2-1 不同自我服务主体的属性之比较

序号	自我服务的主体	自我服务的属性
1	国家、中央政府	相对于其他主权国家,在主权范围内开展自我服务
2	地方政府	相对于中央政府的本辖区内的自我服务
3	基层群众性自治组织	相对于国家和政府的,以地域为特征的自我服务

---

① 齐振海主编:《管理哲学》,中国社会科学出版社1988年版,第97页。

② 罗家德、梁肖月:《社区营造的理论、流程与案例》,社会科学文献出版社2017年版,第18页。

续 表

序号	自我服务的主体	自我服务的属性
4	个体	相对于社会支持的,以自我调控和自我管理为特征的自我服务
5	社会组织	相对于国家和政府的,以功能为特性的自我服务

第一,相对于全球治理而言,国家(中央政府)是主权范围内的自我服务主体。相对于地方政府和国内民众而言,中央政府是管理者,也是公共服务的提供者。但是,在全球治理的范围内,相对于其他主权国家而言,一国中央政府在主权范围内是具有自我管理特征的,其所开展的公共服务供给属于主权范围内自我服务的范畴。

第二,相对于中央政府而言,地方政府是区域范围内的自我服务主体。虽然不同的国家因国情不同而采取了不同的国家结构形式,地方政府自治权的强弱、自治范围的大小也存在很多差异,但有一点是相同的,每一级地方政府都拥有一定的自主权,在所辖范围内开展公共治理、提供公共服务。对于基层民众而言,地方政府是服务的供给主体;但对于所辖区域整体而言,地方政府是自我管理的主体。因此,地方政府既是服务的供给主体又是服务的接收者,可被视为与中央政府相对的、区域范围内的自我服务主体。

第三,相对于各级政府而言,基层群众性自治组织(村民委员会、社区居委会)是所辖基层社区的自我服务主体。按照《中华人民共和国宪法》《中华人民共和国村民委员会组织法》和《中华人民共和国城市居民委员会组织法》的有关规定,村民委员会、居民委员会属于自我管理、自我教育和自我服务的基层群众性自治组织,办理本村或本社区的公共事务和公益事业。从基层民众的角度看,基层群众性自治组织属于服务的供给者,扮演服务"主体"的角色,基层民众则居于"客体"地位。但是,从整个基层社区而言,基层群众性自治组织是自我管理的主体,属于与政府部门相对的社区范围内的自我服务主体。

第四,相对于社会支持而言,个体也具有自我服务能力。马克思曾言:

"人的本质不是单个人所固有的抽象物,在其现实性上,它是一切社会关系的总和。"①也就是说,人具有社会性,这是人的存在方式。这也意味着,个体需要生存于社会网络之中,在接受诸多社会支持的情况下才能获得生存和发展。在社会支持的视域下,个体是服务的客体。但在很多时候,个体也可以自我服务——通过主动调控和管理自我,来实现自我控制、自我调适、自我调节、自我激励和自我反馈,体现了人对自身的生理、心理和行为各方面的自我认识、自我感受、自我料理、自主学习、自我监督、自我控制和自我完善的能力。这种能力是随着年龄的增长、知识学历和社会阅历的提高,呈逐步提高的趋势,而且可以通过自主学习、自我监督、自我控制和自我完善而得以培养②。

第五,相对于政府而言,民间属性的社会组织是实施组织内部自我服务的主体。一方面,社会组织作为共同行动载体,通过汇聚社会资本、整合社会资源,展开信息沟通、共享资源、社会互动和相互合作,服务所属成员。这是一种具有共益或互益导向的自我服务③。另一方面,社会组织作为公共行动载体,通过整合资源面向全社会开展公益慈善、应急救灾、扶贫济困、社会救助、环境保护、公共卫生等公共服务,或者通过政策倡导、公共参与等方式推动经济社会发展。其并不以内部成员为对象,而是面向全社会。因此,此类服务的公共性要高于上一类服务,面向所属成员提供自我服务的意味要相对较少。但是,由于社会组织具有民间属性,属于社会自治主体,在此意义上可以认为其提供的公共服务是相对于政府公共服务而言的另一种自我服务④。与基层群众性自治组织以地域为特征的自我服务相比,社会组织提供的自我服务是以功能为特征的。

当然,市场领域的企业也具有一定的自治属性,为激励员工,企业内部也会提供一些福利服务、支持服务。从这个角度看,企业也是相对于国家和政府的自我服务主体。事实上,我国在计划经济时期,企业福利在整

① 《马克思恩格斯选集》第一卷,人民出版社1995年版,第60页。
② 李家龙:《自我管理的要素与实现》,机械工业出版社2011年版,第2页。
③ 王名:《社会组织论纲》,社会科学文献出版社2013年版,第89页。
④ 安建增:《政治哲学视野中的自治理论研究》,安徽师范大学出版社2015年版,第4页

个国家的社会服务体系中扮演了主要角色[①]。

这里需要强调指出，本研究所涉自我服务仅限于社会组织范围内的自我服务，而不含其他。以社会组织为载体开展的自我服务，也是狭义上的最普遍的自我服务。

二、社会组织自我服务的初始逻辑

在现实中，我们看到的是一个个已经成立的社会组织、一场场自我服务活动。但学术研究不能以已经成立的社会组织及其自我服务活动为起点，而应该"前移"一步，分析组建社会组织、启动自我服务行动的初始逻辑。这不仅是学术研究的拓展，而且对于分析社会组织及其自我服务行动的其他问题十分有益，因为按照"路径依赖"理论的解释，"初始过程"作为社会组织的历史必然会影响社会组织的后续运行特征。埃莉诺·奥斯特罗姆也将增加社会组织自我服务网络的初始可能性作为重要议题，既涉及组织供给又涉及制度供给[②]。

有学者将社会组织的生成逻辑概括为功能性需求输入和支持性要素输入两种力量的互动。功能性需求输入包括党和政府的需求、社会的多元化需求，这是社会组织生成的必要条件；支持性要素输入的是空间性要素、制度性要素和资源性要素，这是社会组织产生的外部条件；只有必要条件和外部条件全部具备，两种输入才能转变为社会组织生成的充要条件[③]（如图2-1所示）。这一分析框架无疑在宏观层面上揭示了社会组织自我服务网络的生成逻辑，但并不具体，也没有细致区分社会组织自我服务网络

① 林闽钢、梁誉：《我国社会福利70年发展历程与总体趋势》，《行政管理改革》，2019年第7卷第7期，第4—12页。

② 埃莉诺·奥斯特罗姆：《公共事物的治理之道——集体行动制度的演进》，余逊达、陈旭东，译，上海三联书店2000年版，第51页。

③ 王名、刘国翰、何建宇：《中国社团改革——从政府选择到社会选择》，社会科学文献出版社2001年版，第161页

的不同类别。根据笔者的分析和判断,创设社会组织,开展自我服务的初始逻辑主要包括如下五种:互信互赖下的社会建构、责任昭示下的公共行动、理性考量下的互助互惠、政府支持下的自我整合、外界示范下的自我组织。

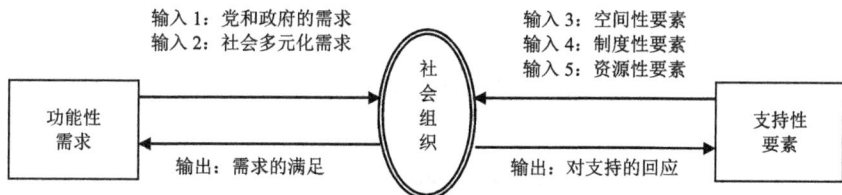

图2-1　社会组织生成逻辑示意

(一) 互信互赖下的社会建构

H.培顿·扬曾指出,社会建构是许多个体在特定的场域内积累性经验和预期判断的产物[①] (如图2-2所示)。

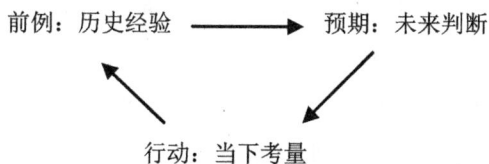

图2-2　积累性行动逻辑示意

有很多社会组织就是基于积累性经验而形成的。人们在往复多次的互动、互惠(施惠与受惠)的过程中,多次体验到相互合作、共同行动的重要性,在相互之间积累了充分的信任,使不同主体间的"熟人关系"逐渐建立起来。在此基础上,经过持续地演化、发展后极可能出现"抱团"现象,形成自我服务的固化的组织形态。简言之,长期、持续和反复地交互,能够激发诚实、合作等行为,从而建立起结构化的社会性相互作用网络(如社会团体、社会自组织),该网络的突出特征和主要功能就是互惠

---

① H.培顿·扬:《个人策略与社会结构——制度的演化理论》,王勇,译,上海人民出版社2004年版,第6页。

和自我服务[①]。在基层社区中、某一区域的同一行业中，比较容易出现这种社会组织的自我服务网络。这一逻辑可被称为"互信互赖下的社会建构"（如图2-3所示）。

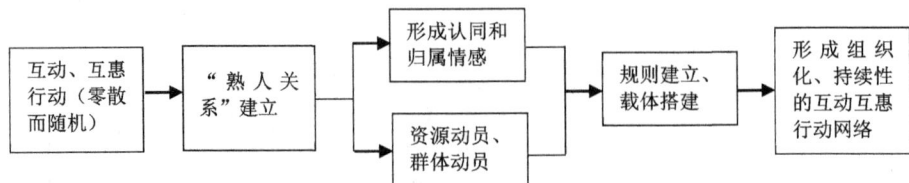

图2-3 互信互赖的自我服务网络建构逻辑示意

第一，零散而随机的互动和互惠行动。因所属地域相同、行业相同和兴趣相同等各种原因，一部分具有"共同点"的人发生了一些互动行动，为了解决共同面对的问题而采取的一些互惠和合作行为。虽然一开始这些主体之间的互动和互惠是单次的、随机的、零散的，但这种"点片式"的互动和互惠行动却常常成为互信互赖自我服务网络建构的原初起点。因为，在这些互动和互惠过程中，交互参与者都不可避免地受到"同行者"的影响，在这种相互影响的过程中会建构起一种"集群化"的思维，由"我"的观念向"我们"的观念转变，这一转变对于下一步的组织化建构至关重要，也是具有"质变"性质的跨越[②]。在安东尼·吉登斯看来，各主体间的互动会产生"共有知识"（Mutual Knowledge）。重要的是，这种"共有知识"经过持续的体验和认知，会成为协调人际关系的规则，使交互各方成为"熟人"[③]。结构同时作为自身反复组织起来的行为的中介与结果；社会系统的结构性特征并不外在于行动，而是反复不断地卷入行动的生产与再生产[④]。尤尔根·哈贝马斯的交往行为理论也认为，主体间通

---

① C.格鲁特尔特、T.范·贝斯特纳尔编：《社会资本在发展中的作用》，黄载曦、杜卓君、黄治康，译，西南财经大学出版社2004年版，第32—35页。

② W.理查德·斯科特：《制度与组织——思想观念与物质利益》第3版，姚伟、王黎芳，译，中国人民大学出版社2010年版，第7—8页。

③ 安东尼·吉登斯：《社会学方法的新规则——一种对解释社会学的建设性批判》，田佑中、刘江涛，译，社会科学文献出版社2003年版，第180页。

④ 安东尼·吉登斯：《社会的构成：结构化理论大纲》，李康、李猛，译，生活·读书·新知三联书店1998年版，第522页。

过互动尤其是对话——就公共事务或集体事务进行论辩、商讨，能够实现相互理解和协调一致，这不仅使集体行动和公共领域的形成成为可能，而且也为形成认同和搭建组织网络奠定了基础[①]。

　　第二，"熟人关系"的建立。如上所述，单次的、偶然的互动和合作如果能够重复发生、持续强化，就有可能在交互各方中形成"熟人关系"。换言之，在一次又一次"握手"的经历中，交互各方都能够获得其他主体的行为可靠性，这种体验为下一步"确定可预期"的结构化交互、组织化行动奠定了基础[②]。在罗伯特·D.帕特南看来，结构化交互和组织化行动的主要困境是其他主体行为的不确定性，而消除这种不确定性，在其他条件不变的情况下，则取决于交往的反复性和持续性[③]。因此，重复的交互实践和体验以及熟人关系的建立是"社会建构"或"社会结构化"的重要机制，即人们之间的重复互动行为同时也伴随着对对方的期望、对互动的反思，这为更加系统的、制度化的社会建构提供了基础。在互动过程中，各主体之间实际上是在"相互学习"和"共同创造"，这种"相互学习"和"共同创造"会强化并推动社会关系呈现某种结构化的特征，并常常促成"绵延性的结构"的搭建[④]。概言之，以熟人情感为基础而形成的交互结构，就是形成社会组织自我服务网络的重要一环[⑤]。

　　第三，形成认同和归属情感。"熟人关系"的建立只是社会组织形成及其自我服务行动发生的必要条件，只有在"熟人关系"建立之后形成群体认同和归属情感，才能推动社会组织及其自我服务网络的建构。对整个社会而言，认同的缺失，会导致社会的分裂；对社会组织而言，认同的缺失

---

　　① 于·哈贝马斯：《交往行动理论（第一卷）——行动的合理性和社会合理化》，洪佩郁、蔺菁，译，重庆出版社1994年版，第121—122页。

　　② 罗家德、梁肖月：《社区营造的理论、流程与案例》，社会科学文献出版社2017年版，第32—36页。

　　③ 罗伯特·D.帕特南：《使民主运转起来：现代意大利的公民传统》，王列、赖海榕，译，江西人民出版社2001年版，第204页。

　　④ 查尔斯·J.福克斯、休·T.米勒：《后现代公共行政——话语指向》，楚艳红、曹沁颖、吴巧林，译，中国人民大学出版社2002年版，第86—88页。

　　⑤ 贾霄锋编著：《社会转型加速时期社会组织介入社会问题治理研究》，西南交通大学出版社2016年版，第56—59页。

则是阻碍社会团结和社会建构的主要因素①。换言之，如果没有了认同和归属情感，即使具有持续地互动，建立了"熟人关系"，仍然无法形成制度化、组织化和实体化的自我服务网络。有学者指出，中国的"圈子"现象很普遍，而"圈子"形成的关键在于交互各方认同他们的群体"符号"，对群体有较强的依赖感和归属感②。

第四，资源动员、群体动员。认同和归属情感的形成使"熟人关系"的向心力增强，但这仍然属于观念层面上的。因此，还需要同时出现资源动员和群体动员行动。资源动员指的是互动各方汇聚必要资源，为社会组织形成和自我服务行动提供财物基础、技术支撑，满足行动发生的各种条件；群体动员指的是主动行动者通过认同和归属情感的宣扬、互惠优势的强调等，动员更多的"同行者"参与到组织群体中来，使互动各方更加明确自己的群体身份，为社会组织主体性的建构奠定心理基础。

第五，规则建立、载体搭建。埃莉诺·奥斯特罗姆曾指出，在解释一群人如何才能组织起来取得长期集体利益时，必须解决的一个关键性难题就是"可信承诺"问题③。换言之，社会组织及其自我服务网络的建构，必须在成员间形成互动、互赖和互惠的规则和制度，这是社会组织及其自我服务机制运行的基本框架。制度具有导向、约束和规范等作用，为组织运行和行动策略选择的可预期性、可持续性提供了保证④。同时，在规则建立的基础上，形成固定的载体，包括组织的领导者、执行者和参与者等。

第六，形成组织化、持续性的互动互惠行动网络。在规则建立、载体搭建之后，意味着社会组织本身已经形成（在现实中，组织的合法身份还

---

① 张康之、张乾友：《公共生活的发生》，高等教育出版社2010年版，第337—338页。

② 罗家德：《关系与圈子——中国人工作场域中的圈子现象》，《管理学报》，2012年第2期，第165—171,178页。

③ 埃莉诺·奥斯特罗姆：《公共事物的治理之道——集体行动制度的演进》，余逊达、陈旭东，译，上海三联书店2000年版，第71页。

④ 科斯·诺思·威廉姆森，等：《制度、契约与组织：从新制度经济学角度的透视》，刘刚、冯健、杨其静，等译，经济科学出版社2003年版，第15页。

需要经过登记注册程序方可获得),即自我服务网络的正式建构。此后,成员之间便可以通过组织化的方式持续互动,并通过组织化的方式开展自我管理、自我教育和自我服务。至此,原有的"零散而随机的互动和互惠行动"经由社会建构之后,演变为"组织化、持续性的互动互惠行动网络"。

这种长期互动互赖而产生的社会组织及其自我服务网络,在很多时候给人感觉是自然而然地出现的,就像原始社会的氏族共同体一样。恩格斯在《家庭、私有制和国家的起源》中曾这样评论:"这种简单的组织,是同它所由产生的社会状态完全适应的。它无非是这种社会状态所特有的、自然长成的结构;它能够处理在这样组织起来的社会内部一切可能发生的冲突"①。但本研究所涉及的提供自我服务的社会组织,不是简单自发形成的,而是一种积极行动的社会建构。它意味着一种自主且自身就可以自我整合、自我协调、自我维系、自我发展的机制或能力,是一个比自主性内涵更为丰富的概念②。

另外,由于社会组织具有自我管理、自我教育、自我服务和自我监督的功能,这四种功能与基层群众性自治组织(社区居民委员会、村民委员会)完全一致。因此,社区社会组织及其作用的发挥有助于减少基层群众性自治组织的工作压力。在农村,随着合村并组工作的进行,建制村(行政村)所辖面积和所辖人口变得较大,迫切需要在村民委员会之外构建新的自我整合和自主治理机制;在城市,新型居民小区的规模也在日益扩大,在居民委员会之外形成新的整合和治理载体也显得尤为紧迫。因此,如何在社区基层促进社会组织的培育和发展,充分发挥社会组织的自我服务功能,是当前基层治理所必须重视的一个课题。对此,某社区居委会主任做出如下表述③:

①《马克思恩格斯选集》第4卷,人民出版社1995年版,第158页。

②杨贵华,等:《自组织:社区能力建设的新视域——城市社区自组织能力研究》,社会科学文献出版社2010年版,第9—10页。

③课题组:《芜湖市弋江区LML街道BJ社区调研记录》,2018年4月13日。

在基层社会治理中，社区社会组织有两大优势。一是可以发挥矛盾调解、协商议事、救助服务供给、文化服务生产、公益活动组织等功能。二是可以加强居民之间的沟通和交流，这对于打造熟人社区至为关键，更为重要的是熟人关系的形成就会自然提升社区的和谐程度，能够将很多矛盾化解于无形之中。因此，社区社会组织培育效果越好，社区社会组织的活力就越足，社区居委会的压力就会越小。

（二）责任昭示下的公共行动

在很多时候，人们因"交往"而发生了共同行动，组成结构的维度既作为条件存在于行动之前，又作为行动产物存在于行动之后[1]。这是上一点所揭示的自我服务逻辑。而在另外一些时候，人们往往是"为了共同行动而交往"[2]。责任昭示下的公共行动便是"为了共同行动而交往"，很多社会组织就是因这种逻辑而产生的。有学者这样描述[3]：

> 在中国这样一个关系社会中，自组织能否发生的关键不仅在于社区自身是否拥有基本的社会资本存量，也在于"是否存在一个或若干个民间领袖或精英"，这类精英"出于地位、威望、荣耀并向大众负责的考虑，而不（仅仅）是为了追求（个人）物质利益"，承担起带头人或主持人的角色。

基于社会组织的自我服务具有共益和公益的属性，"对大家伙儿都有利"，群体中的一些有识之士、能人或关键人物在这种公共责任心的感召

---

① 张旭升：《政府购买居家养老服务参与主体的行动逻辑研究》，中国社会科学出版社2016年版，第18页。

② 张康之、张乾友：《共同体的进化》，中国社会科学出版社2012年版，第366页。

③ 曾凡木、赖敬予：《睦邻·自治·社区治理——上海嘉定区案例集》，社会科学文献出版社2017年版，第9页。

下，就会主动行动，组建社会组织，进而开展自我服务。加拉·马维尔和帕梅拉·奥利弗的研究表明，组织的建构及其长期合作行为的发生，都离不开关键群体的存在和作用发挥。换言之，社会组织的生成、发展和运行也遵循着某种精英主义的逻辑，普通成员更多作为一般受益者而存在，对于组织建构和行动启动起核心作用的仍然是少数"占据最中心位置的人"。"占据最中心位置的人"热衷于群体行动和内部合作，资源动员能力强，社会资本丰富，既能为社会自我服务网络的搭建做出实质性贡献，又能说服或带动其他人加入这一网络[①]。在学术研究领域、行业性专业性领域，因这一逻辑而产生的社会组织自我服务网络比较常见。

概括而言，责任昭示下的公共行动逻辑如图2-4所示:

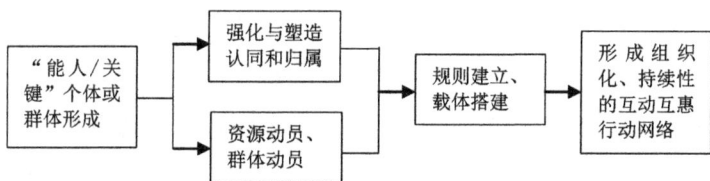

图2-4　责任驱动的自我服务网络建构逻辑示意

第一，在这一逻辑中，"能人"是社会组织生成的关键，"关键少数"是自我服务网络搭建的关键[②]。因此，"能人/关键"个体或群体的形成是此类社会组织组建的起点。而这一般取决于两方面:一方面，"关键少数"感知到问题的存在，并意识到自己在解决问题过程中的责任;另一方面，"关键少数"感知到合作的必要性。2017年成立的安徽省高等学校书法协会便是一例:

> 该协会由安徽师范大学庄华峰教授发起成立。庄华峰教授长
> 期从事书法创作、研究和教学工作，享受国务院特殊津贴，二级
> 教授，属业界名家。在工作过程中其深感书法教育在高等学校

[①] 罗家德、梁肖月:《社区营造的理论、流程与案例》，社会科学文献出版社2017年版，第32—48页。

[②] 罗家德、孙瑜、谢朝霞，等:《自组织运作过程中能人现象》，《中国社会科学》，2013年第10期，第86—101页。

（尤其是高师院校）的重要性，不仅事关中华传统文化的继承与发扬，而且事关师范类大学生职业技能、审美能力的培养与提升。然而，书法教育在高校并不受重视，缺乏整合高校书法教育资源的平台，也缺乏呼吁和推动书法教育模式改革、书法教育教材编写、书法教育方法研讨的平台。同时，高校书法教育的质量和水平也亟待提升，基于此，庄华峰教授经过近两年的积极努力，四处奔走，动员、联络安徽省内高校的书法教育专家，几经周折，终于在2017年11月获得安徽省社会组织管理局的批准，安徽省高等学校书法协会正式成立。

显而易见，在安徽省高等学校书法协会组建的过程中，以庄华峰教授为首的高校书法能人群体起到了关键作用。他们不仅脚踏实地地从事自身的书法研究与教育工作，而且在内心深处感知到书法教育对于高等学校（尤其是高师院校）的重要性，也感知到书法教育及其管理的滞后，因此，在责任感知和必要性感知的双重驱动下，他们发起了共同行动，最终实现了协会的组建。可见，在这一逻辑中，"能人/关键"个体或群体的形成是关键，也是起点。

第二，强化与塑造认同和归属情感。团体类社会组织的建构都需要以认同感和归属情感的形成为基础。但认同和归属情感的形成逻辑存在多种形式。在"互信互赖下的社会建构"逻辑中，认同与共识是在长期交互的基础上逐渐形成的。但在责任昭示下的公共行动这一逻辑中，认同和归属情感不是长期交互形成的，而是由"能人/关键"个体或群体塑造、宣扬和强化的。在共同行动中，行动者的意向一致是基础性的前提。意向一致通常具有两种形式：一是认同，二是共识[①]。也就是说，虽然认同与共识的确可以经过长期交互自然而然地发生，但这一过程往往是漫长的，能否形成存在极大不确定性，在应对风险时其效果也是极其不确定的。因此，需要主动地塑造认同和强化共识的外部促动行为——在自我服务网络组织化

---

① 张康之、张乾友：《共同体的进化》，中国社会科学出版社2012年版，第354页。

的过程中，能人及关键群体需要有意识地进行塑造、强化，加速共同行动的发生。

第三，资源动员和群体动员。在强化与塑造认同和归属的同时，"能人/关键"个体或群体也常常进行资源动员和群体动员工作。一方面，他们会竭尽所能地奉献自己所拥有的各种资源，起示范和带动作用。上例以庄华峰教授为首的高校书法能人群体在安徽省高等学校书法协会组建的过程中，不仅花费了很多时间和精力，而且先期支付了差旅费、会员大会召开场地租赁费、会务费、资料印刷费（如会议材料）等。另一方面，"能人/关键"个体或群体会积极选择、动员、集汇具有相同特征的人，并用责任、认同和归属等将他们动员转变为志同道合者，形成具有共同意识、共享知识的群体。在此基础上，向他们募集社会组织自我服务网络所需的各种资源。

第四，在群体基础形成、资源条件具备后，紧接着便是制定规则，搭建组织载体，然后持续的互动与服务，这些与"互信互赖下的社会建构"逻辑差别不大，不再赘述。

当然，我们希望所有人都是有公共责任心的，都能按照"纯公益人"的逻辑来行动，这样全社会就是"自我服务"的，这也是我们通常所说的"人人为我，我为人人"。在这种情况下，社会组织自我服务网络搭建形成的概率较高。

（三）理性考量下的互助互惠

乔恩·埃尔斯特指出："规范和自利（或更一般地说，结果论的动机）共同塑造了行为"[1]。其中，规范来自外部，包括制度、伦理和情感等；自利则源于内部，是个体从理性出发衡量得失的利益算计与考量，可被视为动机。正是在规范和自利两种因素的影响下，个体在具体的情境中确定自己的行动策略、做出自己的行为选择（如图2-5所示）。W.理查德·斯

---

[1] 乔恩·埃尔斯特：《社会粘合剂：社会秩序的研究》，高鹏程，等译，中国人民大学出版社2009年版，第149页。

科特曾指出，任何一种组织都是一种社会系统或社会机制，其形成和运行是"确定的、充满了价值观的状态"，在这种价值观状态中，充斥着思想观念和物质利益两种要素①。

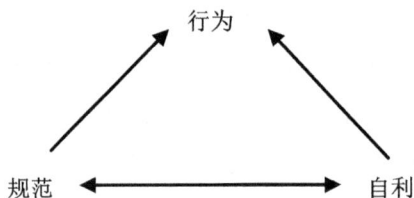

图2-5 "规范—自利"与行为关系示意

　　显然，思想观念可以与伦理、情感等相对应，物质利益则与理性动机相对应。上述第一和第二种社会组织自我服务组织网络的形成逻辑都局限在"规范"或"思想观念"那里，注重情感、伦理等要素的影响，而忽视了理性动机的影响。相反，阿马蒂亚·森则从另一个角度指出，组织结构及其建设都是基于社会个体的行动理性、选择偏好之上而产生的②。也就是说，组织结构的建设所带来的效用和结果及其考量是动机激发、行动产生的源泉③。因此，社会组织自我服务网络的搭建在很多时候也遵循理性考量的逻辑。

　　简单而言，理性考量的逻辑指的是：组建社会组织、提供自我服务，是为了实现某种利益，是一种理性行动。有学者指出，社会公益供给行动遵循三个定律④：一是每个个体需要和利益的满足就是社会公益的达成。这一定律来源于亚当·斯密的古典经济学思路，对此曼瑟尔·奥尔森曾写到，有些时候，当每个个体追求他或她自己的利益之时，对整个集体最合理的结果就会自动出现⑤。二是实现了集体需求和利益就是个体利益的达

---

① W.理查德·斯科特：《制度与组织——思想观念与物质利益》第3版，姚伟、王黎芳，译，中国人民大学出版社2010年版，第28页。

② 阿马蒂亚·森：《集体选择与社会福利》，胡的的、胡毓达，译，上海科学技术出版社2004年版，第1页。

③ 罗伯特·K.默顿：《社会理论和社会结构》，唐少杰、齐心，等译，译林出版社2015年版，第111页。

④ 陶传进：《社会公益供给——NPO、公共部门与市场》，清华大学出版社2005年版，第163—168页。

⑤ 转引自陶传进：《社会公益供给——NPO、公共部门与市场》，清华大学出版社2005年版，第164页。

成。这一定律与曼瑟尔·奥尔森《集体行动的逻辑》一书所表达的思想一致——个体的合作行为将在整体上得到结果最优[①]。个体之所以采取利于集体的合作行为，或者从集体利益的角度出发选择行动策略，那是因为个体意识到集体行动更利于实现个体利益；或者说，基于群体合作的集体行动具有正外部性，能够提升个体的福利和效用。三是对公益的追求，不仅可以实现个人利益的最优值，而且会产生新的社会性收益。这类似于"人人为我，我为人人"的状态，每个人都追求公益价值，都在为公共利益奉献自我，在这种情况下每个行动者个体都是可获益的，但同时这种人人奉献的行动集合还有巨大的"正外部性"——整个社会福利水平的提升和社会秩序的达成。显然，在第一定律的逻辑中，基于个体理性的制度安排在非排他性和非竞争性的公共物品面前显得无能为力，是不能够很好地解释具有共益性或公益性的自我服务取向的，自然也就无法解释社会组织自我服务网络的生成。第三定律持纯公益人假设，具有理想性，只能部分地解释个体参与公共行动提供自我服务的逻辑。而第二定律比较真实地揭示了"小群体"（"小集团"）的集体行动，这一定律也是社会组织自我服务网络建构的基本逻辑。用曼瑟尔·奥尔森的话说，就是[②]：

> "在任何一种情况下，规模是决定对个体利益自发、理性的追求是否会导致有利于集团的行动的决定性因素。比起大集团来，小集团能够更好地增进其共同利益。"

对于规模较大的集团而言，我们一方面期待其成员具备公共责任心，另一方面则需要特定的组织和激励，用组织将个体联系带动起来，加强互

[①] 曼瑟尔·奥尔森：《集体行动的逻辑》，陈郁、郭宇峰、李崇新，译，上海人民出版社1995年版，第19—25页。

[②] 曼瑟尔·奥尔森：《集体行动的逻辑》，陈郁、郭宇峰、李崇新，译，上海人民出版社1995年版，第42页。

动、形成互信、增进互赖，为互惠奠定基础，实现共治共享①；用物质、感情、名望和自我实现等来激励个体采取有利于集群的行动，使合作、互惠成为可能②；或者对"搭便车"、机会主义以及"非合作"等破坏集群利益的行动，采取相互监督、惩戒等反向激励（消极激励）的方式，促进合作和互惠③。总之，通过组织和激励可以激发成员的内在动机，使其感知到可期待的合作收益，为社会组织自我服务网络的构建奠定了理性基础。

社会组织自我服务网络建构的理性考量逻辑如图2-6所示：

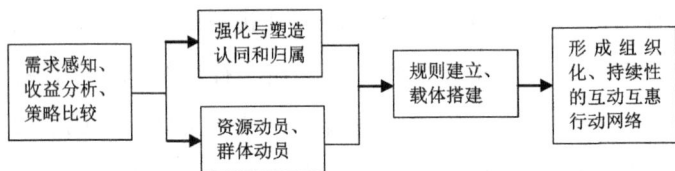

图2-6　理性考量的自我服务网络建构逻辑示意

理性考量逻辑源于理性需求的感知。在结构功能主义代表人物塔尔科特·帕森斯看来，社会组织及其自我服务网络是一种社会结构，这种社会结构出现的必要性、社会结构自身的正当性，都以其功能为依据、为导向。社会结构的功能则是从人们的需求及其满足来建构和解释的。因此，"目的—手段—条件"可以作为阐释社会结构形成和有序化的基本思路④。需求及其满足是目的，社会结构及其有序化的功能发挥是手段，社会结构及其功能发挥所需要的制度、规范、资源和能力等是条件。罗伯特·默顿也曾指出，这种与"功能"这一术语使用起来没有差别和意思几乎相同的大杂烩现状包括应用、效用、意图、动机、意向、目的、结果⑤。人们为

① C.格鲁特尔特、T.范·贝斯特纳尔编：《社会资本在发展中的作用》，黄载曦、杜卓君、黄治康，译，西南财经大学出版社2004年版，第45—46页。

② 曼瑟尔·奥尔森：《集体行动的逻辑》，陈郁、郭宇峰、李崇新，译，上海人民出版社1995年版，第41页。

③ 埃莉诺·奥斯特罗姆：《公共事物的治理之道——集体行动制度的演进》，余逊达、陈旭东，译，上海三联书店2000年版，第73—75页。

④ 王水雄：《博弈—结构功能主义——对和谐社会基本功能机制的探讨》，中国人民大学出版社2012年版，第6—7页。

⑤ 罗伯特·K.默顿：《社会理论和社会结构》，唐少杰、齐心，等译，译林出版社2015年版，第111页。

了实现自己的目标和需要而相互结合起来,以群体的力量去实现个体的力量所无法达到的目标,这就形成了组织[①]。换言之,对于需求和功能的感知是人们组建各种社会结构的初始动因,组建社会组织开展自我服务在很多时候便是源于这种动因的。

利益分析是理性考量逻辑的基本要素。理性在本质上表现为"两利相权取其重,两害相权取其轻"。一般而言,团体合作与自我管理、自我服务有如下相对收益:合作有助于消除交易成本,为实现参与者利益最大化奠定了基础;合作可以充分集合多方资源,能够实现集中力量办大事的目标;合作可以实现资源、信息等的共享,实现"1+1 > 2"的效果;在同一个组织网络中,持续地互动可以促进信息交流、相互学习;组织及其成员内部的合作能够有效协调互动各方的关系,使互动更加有序、规范;在组织内部形成相互监督,通过组织的自我管理和自我教育对互动各方的行为形成规范,规避机会主义的发生[②]。当相关主体(包括能人或关键成员、一般成员)认识到组建社会组织提供自我服务的收益大于单打独斗时,就有可能发生自我组织、自我整合的行为。这其中,有着严格而系统的利益比较。因为组建社会组织、提供自我服务具有公共物品的属性——非排他性和非竞争性。自我服务所带来的任何集体收益,"如果一个集团 X_1,…,X_i,…,X_n 中的任何个人 X_i 能够消费它,它就不能不被那一集团中的其他人消费"[③]。换言之,在社会组织及其自我服务网络中,难以避免"搭便车"行为的出现,理性个体可以在不参与行动、不担负成本的情况下即可享受到自我服务的收益。这为搭建自我服务网络行为的发生带来了"理性的阻碍"——尽管合作能够带来各种收益,但是"搭便车"取向仍会激发机会主义发生,使自我服务网络和行动无法形成。"所以尽管集团的全体成员对获得这一集团利益有着共同的兴趣,但他们对承担为获得这一集体

[①] 胡仙芝、余茜、陈雷,等:《社会组织化发展与公共管理改革》,群言出版社2010年版,第2页。

[②] 乔东平,等:《政府与社会组织的合作:模式、机制和策略》,华夏出版社2015年版,第24—25页。

[③] 曼瑟尔·奥尔森:《集体行动的逻辑》,陈郁、郭宇峰、李崇新,译,上海人民出版社1995年版,第13页。

利益而付出的成本却没有共同兴趣"①。因此，这里有个相对收益的问题。有四种情况，可以使行动者获得相对收益，激励行动者组建社会组织，展开自我服务行动。

第一种情况，收益的类型"泛化"使行动者获得相对收益。如果单从物质利益的角度看，组建社会组织、提供自我服务可能是划不来的，付出的成本要大于直接的物质收益。但是，如果把搭建社会组织自我服务网络、开展互惠行动甚至公益行动的收益"泛化"，除了物质利益外，还有自我实现、获得认可和赞誉、营造良好的支持性的互动氛围、形成信任汇聚社会资本、通过抱团不仅可以在内部获得"温暖"而且可以提高免受外部威胁的抵抗力，等等。换言之，组建社会组织展开自我服务行动获得的不单单是经济收益，如果将物质利益之外的其他收益计入总收益的话，便会改变收益小于成本的局面，社会组织自我服务网络生成的可能性因此而大大提升。

第二种情况，互动主体中的"大额受益者"会感知到相对收益，更倾向于发起社会组织建构行动。约翰·纳什曾于1950年提出一个非常有意思的博弈模型——"智猪博弈"。在该模型中，有共处一室的两个"智猪"，一大一小。该猪舍也是经过特别设计的：设有一个投食口，投食启动按钮在投食口的另一侧。每次投食量为6个单位，如果小猪去按投食按钮而大猪在另一侧等待（即小猪行动大猪不行动），则大猪可以在小猪赶到前吃完6个单位（全部吃完），小猪一无所获（收益为0）；如果大猪去按投食按钮而小猪在另一侧等待（即大猪行动小猪不行动），则小猪可以吃到2个单位，而大猪在按下按钮后赶到投食口，可以吃到4个单位；如果两者都不行动，自然都不能吃到食物（收益都为0）；如果两者都去按投食按钮（两者都行动），然后同时赶回投食口，大猪可以吃到5个单位，而小猪只能吃到1个单位。在这种情况下，小猪将会缺乏行动的激励，而大猪由于可以得到份额较大的收益，所以会采取行动。也就是说，收益份额较大者可以

① 曼瑟尔·奥尔森：《集体行动的逻辑》，陈郁、郭宇峰、李崇新，译，上海人民出版社1995年版，第18页。

在行动中获得相对收益,尽管其行动收益会给投机者带来收益,但其仍会因相对收益而行动。因为行动总与不行动相比,行动可以带来相对的大额收益。在社会组织组建和自我服务网络形成的过程中,也不乏这样的情形,尤其是行业协会类的社会组织,其往往是由行业内市场份额较大的、生产规模较大的企业发起,他们不仅拥有资源优势,而且拥有更大的行动动机——因为其可以在自我服务活动中得到较大的收益份额。比如,芜湖市再生资源协会会长在接受笔者采访时就曾这样描述[1]:

> 协会的办公场所设在我们公司,协会的办公设施由我们公司提供,协会的办公经费(如水电费、物业费、通信费)大部分是由我们公司承担的,协会的秘书长也是由我们公司行政办公室主任兼任的。但我们乐意承担这些费用,也会竭尽全力地促进协会的发展。因为协会对于我们这个行业非常重要,在协调从业者之间的矛盾、维持经营秩序、以集体名义进行定价议价、以行业整体的名义争取政府政策倾斜等方面,协会都可以发挥显著的作用。我们公司作为芜湖市最大的再生资源经营企业,有责任推动整个行业的良性发展,同时也需要整个行业的良性发展,因为行业就是我们公司的生命,举办协会所付出的费用在公司的生命面前也就不算什么了。

第三种情况,可持续性的受益权衡可以使行动者获得相对收益。单从启动社会组织组建行动和单次的自我服务活动而言,的确可能出现收益小于成本的问题。即如果仅从单次行动来看,可能缺少收益激励。但是,组建社会组织、提供自我服务可以实现长期互惠,行动者能够可持续地获得互惠收益,收益大于成本,即从长期角度看,可获得相对收益。在这种考量下,社会组织的组建行动便可能发生。可持续性的受益权衡还有另外一种情形,即"差序化受益"。在平时,每个行动者都为互助网络投入资源,

---

[1] 课题组:《芜湖市再生资源行业协会访谈记录》,访谈时间:2014年12月11日。

形成"互助资源池"。待参与者有需要的时候，则可以从"互助资源池"中获取资源，得到救助和帮扶。在"差序化受益"的情形中，平时的成本投入是没有直接回报的，但这种投入类似于"投保"——在条件满足时即可获益。可见，受益者获得救助和帮扶的时序是有差异的，但其互助属性是非常明显的。笔者在江苏省昆山市JH村调研时发现一例：

> 该村比较富裕，村民的人均收入较高，村集体年收入超过一千万。在村内党员的带领下，成立了一个医疗互助基金会（在民政部门登记注册）。该基金会的资金来源主要有二：一是村民的捐赠，每年捐赠多少没有限制，全凭个人意愿。由于该村党支部书记每年都会向该基金会捐赠超过一万元，在其带动下，基金会的捐赠资金相当可观。二是该村集体资产的注入，每年根据村集体收入来确定具体份额。捐赠使得基金会具有明显互助意味；同时，由于村集体收入属于全体村民，以村集体财产服务于村民需要，这也体现了基金会的互助特性。该基金会的目的是"为设定病种的患者提供合规报销后的剩余支持"。简单而言，基金会预设了一些花费比较高的病种，患者经过新农合等报销之后的自费部分，都由基金会进行支付。很多捐赠者从没有从基金会中报销任何费用，但是"人人都有患病风险，通过互助捐赠成立基金会，为这种风险提供了一种确定的保障"（该基金会的负责人在采访时多次说过这样的话）。

第四种情况，资源汇聚的规模效益可以形成相对收益。先举个简单的例子：一个老人，每个月拿出2000元来请一个家政公司为自己服务，可能不会有家政公司进入该社区来单独为其提供服务。相反，若该社区有20个老人，都拿出2000元，就可能会有家政公司进驻该社区。从家政公司的角度看，这样可以实现规模经营，来弥补相关的沉没成本，抵充基础设施建设、团队组建等先期投入；对于老人群体而言，意味着服务费用的汇聚也可以形成规模效益。换言之，每个个体所担负的成本没有变化，只是因共同行动的出现，就可以因资源汇聚而发生质变。社会组织自我服务网络也具有这种特征——每一个行动者所拥有的资源数量有限，无法支付公共服务或团体服务所需要的高投入（涉及基础服务设施的建设、专业服务人才的配置等），但如果有多个行动者以联合的方式汇聚资源，便可以组建自我服务网络，实现规模收益。在某种程度上可以说，在公共服务或团体服务面前，每个人都是"弱者"，而合作则是"弱者的武器"，通过共同行动整合汇聚资源，以规模化的方式实现1+1>2的目标[1]。对此，《荀子·王制》曾有论述："人，力不若牛，走不若马，而牛马为用，何也？曰：人能群也。人何以能群？曰分。分何以能行？曰义。故义以分则和，和则一，一则多力，多力则强，强则胜物。"大卫·休谟也曾指出[2]：

　　社会给人们的不利情况提供了补救。借着协作，我们的能力提高了；借着分工，我们的才能增长了；借着互助，我们就较少遭到意外和偶然事件的袭击。

　　需求感知和收益分析为社会组织的组建行动发生提供了可能，但真正的组建行动发生在策略选择之后。为满足需求、获得收益，行动者可能会面临着多种选择，包括市场交换机制、政府治理机制和社会组织自我服务机制。当一种社会交换、关系互动等出现的频率比较高（交易频率高）、资产专属性高、环境不确定性高、互动各方行动不确定性高的情况下，选择市场交换机制是不明智的，因为其交易成本相当之高，且有着较高的风险。所以，互动各方在理性的昭示下自然会放弃市场交易机制，转而选择政府治理机制或社会组织自我服务机制。当互动次数多、情感关联强、信任供给充足且信任需求很大时，社会组织自我服务机制就是最符合理性的治理机制，因为其相对政府治理机制而言更为便捷迅速；当互动次数少、

---

① 詹姆斯·C.斯科特：《弱者的武器》，郑广怀、张敏、何江穗，译，译林出版社2007年版，第207页。
② 休谟：《人性论》上册，关文运，译，商务印书馆1980年版，第526页。

情感关联弱、信任供给不足时，政府治理机制则优势显著①。马克·格兰诺维特就曾强调，社会互动与社会建构不可避免地受到经济理性的影响，但信任可以减少交易成本，也会影响互动机制的选择和建构。从这个角度看，即使理性考量为社会组织自我服务机制的建构增加了有利的元素，但在这一过程中，长期交互、情感关联、信任等仍然起到了非常重要的作用

在经过需求感知、收益分析和策略比较之后，行动者便会展开群体认同和归属情感的强化与塑造工作、资源和群体动员工作、规则建立与载体搭建工作，进而实现组织化、持续性的互动与互惠。这些都与上述几个逻辑相同。不再赘述。

在阐释了社会组织自我服务网络产生的理性逻辑之后，有必要提一下理查德·道金斯在《自私的基因》一书中所提出的观点。在该书中，理查德·道金斯指出，人与人之所以以集群相处并形成出渐臻复杂的社会结构，除了自我维持与自我保存，实现更加温暖与更高层次的生活之外，那就是为了"复制基因"，我们以及我们的组织建构实质上都是基因的"生存机器"②。从这个角度看，社会组织的组建、自我服务行动的启动不仅是为了满足当下的需求，在现世获益，而且有一个永恒的追求——复制基因、保存基因、延续基因，这也是在自我服务收益清单中最重要的要素之一。当然，没有必要因"自私"二字便对这种观点持有偏见。其实，"自私的基因"这一观点在艾里希·弗洛姆那里有另一种表述，"如果人生活的条件违背了人的本性，没有达到人类生长与健全的基本要求，那么，人就必定会做出反应。他要么堕落、灭亡，要么创造一些更适合自身需要的条件"③。组建组织、已用各种社会结构在某种程度上就是基于情境需要和自身需要——"生长与健全的基本要求"而创造的适合自身需要的条件，这也许是健全的社会所必需的社会整合机制④。

① 罗家德、梁肖月：《社区营造的理论、流程与案例》，社会科学文献出版社2017年版，第32—33页。

② 理查德·道金斯：《自私的基因》，卢允中、张岱云、陈复加，等译，中信出版社2012年版，第21—22页。

③ 艾里希·弗洛姆：《健全的社会》，孙恺祥，译，上海译文出版社2011年版，第14页。

④ 井世洁：《组织发展与社会治理：以乡村合作社为中心》，中国经济出版社2017年版，第11页。

（四）政府支持下的自我整合

政府的政策引导和支持是社会组织自我服务网络建立的重要路径[①]。以约翰·迈耶等为代表的制度学派强调，影响组织系统的环境可分为技术环境和制度环境。其中，技术环境主要指的是组织系统的外部资源，包括物质、技术等条件；制度环境主要指的是组织系统所处的法制环境、文化期待、社会规范和价值观念等。前者要求组织追求效率，实现某种功能，满足某种需求，后者则要求组织具备合法性[②]。政府的政策和取向作为社会组织的生成及其自我服务行动展开的制度环境，自然会发生重要作用。朱莉·费希尔曾指出，政府对社会组织的政策，是影响社会组织发展及其功能发挥的关键因素。政府对社会组织的政策有很多种类型，从消极到积极可分为："防范"和"限制"社会组织活动、"无视"社会组织、"收编"社会组织、"利用"社会组织并向社会组织"学习"、政府与社会组织在相互独立的意义上"相互合作与相互学习"[③]。显然，政府的消极政策是严重阻碍社会组织发展和作用发挥的，而政府的积极政策不仅为社会组织赋予了合法地位，而且给予了社会组织充分的功能空间和资源支持。

社会组织作为一种社会自治机制，可能会为整个社会秩序带来风险[④]。美国学者罗伯特·达尔指出，所有当代的政治理论和意识形态都受到了组织的自治与控制这一困境的威胁[⑤]。社会组织可能以某个行业、社区或群体为汇聚单位，加强了小共同体的凝聚和统一，当其本位主义取向严重的时候，这种加强的过程意味着社会整体的分裂。在这种情况下，小共同体

[①] 贾霄锋编著:《社会转型加速时期社会组织介入社会问题治理研究》,西南交通大学出版社2016年版,第56—59页。

[②] 于显洋:《组织社会学》第三版,中国人民大学出版社2016年版,第60页。

[③] 朱莉·费希尔:《NGO与第三世界的政治发展》,邓国胜,赵秀梅,译,社会科学文献出版社2002年版,第34—41页。

[④] 康晓强:《社会组织一定促进协商民主吗?——对国外文献的评述和批判性考察》,《马克思主义与现实》,2018年第1期,第150—156页。

[⑤] 罗伯特·A.达尔:《多元主义民主的困境:自治与控制》,周军华,译,吉林人民出版社2010年版,第3页。

越能建构群体自我的意识，越能在内部实现共识和一致，往往也就意味着社会整体分裂和冲突的加剧。换言之，如果社会组织偏执地固守自我利益，就会使其合作包容意识降低，增强整个社会的不信任感，扩大社会张力，诱发社会失序的风险大大增加。在现实中，很多群体事件都是因这种偏执与固守而产生。同时，如果社会组织内部的自我导向和本位主义过于膨胀，会使之在与政府互动过程中出现拒绝合作、尾大不掉、无原则排他和分裂对抗等现象。"邪恶在所有的人类社会中都是盛行的"，这些"恶德"在社会组织那里同样存在，并常常在事实上发挥着某种行为导向的作用[1]。O.C.麦克斯怀特因此指出，对"恶德"的无视或者说对美德的无限强调是关于社会组织观念的失误之处，甚至可以说是失败之处[2]。从整个社会的角度看，社会系统是由多个自治的子系统所构成，如果这些子系统完全在自己的视野下思考问题并采取行动的话，既可能导致各子系统之间的相互冲突，也可能造成整个社会系统的解体。皮埃尔·克拉斯特正是在这个意义上强调，缺乏国家和政府的必要控制，"社会就是不完整的"。概言之，社会组织可能通过狭隘的自我服务来塑造集团利己主义，对"非成员"的利益和公共价值弃之不顾[3]。因此，政府对其采取谨慎和控制的政策是必要的。

但是，不能否认，社会组织具有重要的作用，是经济社会发展的基本力量。乔治·弗雷德里克森指出，社会组织是现代公共治理体系中不可或缺的要素，现代公共事务的处理实质上就是政府机构与社会组织、公民个体为了改善公共福利而相互作用的过程[4]。在这一过程中，政府与社会组织之间不仅充满了合作，同时还通过协同行动和共同生产来一道确定公共

---

① 约翰·凯克斯：《反对自由主义》，应奇，译，江苏人民出版社2005年版，第59页。

② O.C.麦克斯怀特：《公共行政的合法性——一种话语分析》，吴琼，译，中国人民大学出版社2002年版，第210页。

③ 罗伯特·A.达尔：《多元主义民主的困境：自治与控制》，周军华，译，吉林人民出版社2010年版，第3页。

④ 乔治·弗雷德里克森：《公共行政的精神》，张成福、刘霞、张璋，等译，中国人民大学出版社2003年版，第32页。

服务的性质和结果①。正是在此意义上,皮埃尔·卡蓝默指出,政府对社会组织的政策具有两面性②:

> 治理一贯有两面,一面是带动,另一面是强制。一方面是要动员个体的力量或一个共同计划的力量,另一方面就是要实施强制,以保护共同利益的名义限制行为和操作的自由。

综上所述,鉴于社会组织的重要性,政府常常扮演促进者角色,通过政策引导和资源支持来推动社会组织自我服务机制的建设,这就形成了另外一种社会组织自我服务的生成逻辑——政府支持下的自我整合。具体而言,政府支持下的自我整合逻辑如图2-7所示:

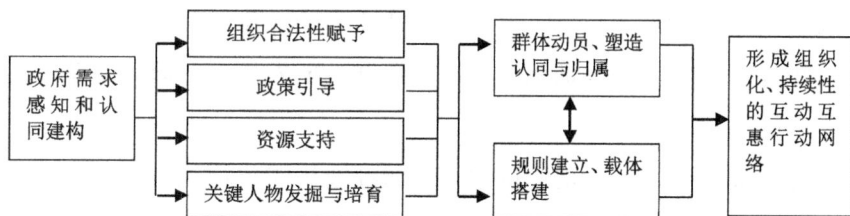

图2-7 政府支持的自我服务网络建构逻辑示意图

第一,政府需求感知和认同建构,这是政府支持逻辑的起点。简言之,只有政府感知到社会组织的重要性和功能作用,认同其主体地位,才能采取积极行动,为社会组织的成立和发展提供支持。从属性上讲,首先,社会组织具有公共性,以使命为先,指向公共利益或共同利益,属公共组织的范畴,这一点与政府相同,因此,政府有支持其建设发展的原初动因。其次,社会组织具有专业性,能够在科学、教育、卫生、文化、体育和社工等专业领域发挥积极作用,与政府搭建协同行动共同生产的伙伴关系,

---

① 约翰·克莱顿·托马斯:《公共决策中的公民参与》,孙柏瑛,等译,中国人民大学出版社2010年版,第100页。

② 皮埃尔·卡蓝默:《破碎的民主:试论治理的革命》,高凌瀚,译,生活·读书·新知三联书店2005年版,第76页。

是专业的公共行动者（公共项目承担者）、公益生产者和服务递送者①。最后，社会组织具有整合性，不仅能够动员和整合各种资源，而且其本身既是社会有序化的载体，能够通过开展自我管理、自我教育、自我服务和自我监督，来实现社会整合、维持社会秩序、推动社会和谐②。正是基于社会组织的这三种属性，政府在履行自身公共管理职能时会感知到社会组织的重要性、必要性，对其产生认同。

第二，政府支持行动实施，这是政府支持逻辑的第二步。在政府感知到社会组织对经济社会发展的重要性的基础上，会发起社会组织建设行动，具体措施一般包括以下四个层面。

一是组织合法性赋予，指的是政府放弃对社会组织的敌对、消极和谨慎的看法，而将其视作公共服务的行动伙伴，视作经济社会发展的重要力量，视作公共治理体系的有机构成要素③。这意味着，政府（国家）赋予社会组织以合法性，是保证社会组织发展和功能发挥的最起码的条件，也是最基本的支持。

二是政策引导，指的是通过激励性的社会组织登记注册、监督管理政策，来为社会组织成立、运行和发展创造便利；通过税收优惠、优先资助等方式，明确优先发展、优先支持的发展领域，引导社会创业者在这些领域创设社会组织；通过典型社会组织的宣传来塑造社会组织公共形象，提高社会组织的社会认知度、认同度和公信力，进而提高其"就业吸引力"；通过社会创业指导和支持，引导青年专业人才将社会组织作为自己的创业方向，等等。总之，制度在很多时候对组织的运行发挥规范和约束作用，但同样在很多时候也会对组织的生成发挥引导作用。

三是资源支持，指的是通过积极的社会组织建设政策，为社会组织提供资源支持，使其能够顺利运行并发挥作用。中共中央办公厅和国务院办公厅印发的《关于改革社会组织管理制度促进社会组织健康有序发展的意

---

① 莱斯特·M.萨拉蒙：《政府工具：新治理指南》，肖娜，等译，北京大学出版社2016年版，第10—12页。
② 张静主编：《社会组织化行为：案例研究》，社会科学文献出版社2018年版，第5页。
③ 张康之、张乾友：《公共生活的发生》，高等教育出版社2010年版，第122页。

见》(中办发〔2016〕46号)(以下简称《意见》)就明确指出,坚持放管并重。处理好'放'和'管'的关系,既要简政放权,优化服务,积极培育扶持,又要加强事中事后监管,促进社会组织健康有序发展。为了推动社会组织的健康发展,该《意见》提出了如下举措:支持社会组织提供公共服务、完善财政税收支持政策、完善人才政策、发挥社会组织积极作用、稳妥推进直接登记,等等。在具体措施上,各地政府也大多采取了如下措施加强社会组织建设:通过社会组织党建引领社会组织正确发展方向,通过社会组织服务机构建设夯实社会组织培育平台,通过能力建设推动社会组织发展层次的提升,通过形象建设和品牌建设提升社会组织的社会公信力,通过设置公益创投项目、政府服务购买项目、直接支持资助项目激发社会组织内在活力等①。

四是发掘与培育"关键人物"。即政府有关部门直接面向专业人士或行业精英等发掘、遴选、培育社会组织"关键人物",明确组建社会组织的意向,并鼓励、支持"关键人物"发起组建社会组织的行动。

第三,"关键人物"通过社会整合实施社会组织组建工作,包括:展开群体动员,塑造组织认同与情感归属;建立规则,载体搭建,形成组织。在政府支持逻辑中,这两种工作往往是同时进行的。

第四,社会组织组建完毕后,在政府的支持下,通过组织成员的共同行动,展开组织化、持续性的互动、互惠。这一点与上述几种逻辑相同,不再赘述。

本研究所选案例"弋江区"创二代"联谊会",是在弋江区委统战部支持下成立的,遵循的便是政府支持的自我整合逻辑。

基于政府支持下自我整合逻辑而成立的社会组织有很多,这里另举一例——弋江区都宝花园社区七彩红云社会组织联合会:

> 都宝花园社区的居民以某大型国企职工为主,因业缘关系而

---

① 安建增、孔卫拿、袁玉琴:《社会组织与社会服务:芜湖社会组织发展报告(2016)》,安徽师范大学出版社2018年版,第44—60页。

具有浓厚的互助基础，在社区内部具有多样化的志愿互助行动，诸如残疾人帮扶、小家电维修、邻里矛盾调解等，热心志愿者数量也很多。为了更好地发挥志愿者的功能，更有序地组织志愿者开展互助服务和社区服务活动，社区居委会以"七彩连千家、志愿服务进千家"为主题，成立了七支队伍——党员志愿队、文明宣传志愿队、医疗志愿队、环保志愿队、安全护院志愿队、便民志愿队和爱心奉献志愿队，并倡导各志愿团队"每月有活动，活动有记录"，提高服务的经常性、高效性，以常态化的方式服务居民。都宝花园社区的志愿服务活动取得了积极效果，得到了所在街道办事处的肯定和重视。街道办事处民政办公室基于"培育社区社会组织"的职责和对都宝花园社区志愿团队的认可，主动引导其整合成立社区枢纽型社会组织（即弋江区都宝花园社区七彩红云社会组织联合会），协助其起草论证了组织使命与愿景、组织章程、组织架构，并在办公设施、项目资助、登记注册、资源链接等方面为其提供帮助。

（五）外界示范下的自我组织

W.理查德·斯科特和杰拉尔德·F.戴维斯指出，环境被认为是系统延续所离不开的物质、能量和信息的终极来源，环境还被视为秩序的来源[1]。任何一个系统都是更高级系统的一部分，更高级的系统作为环境影响着次级系统（子系统）的出现、生存与发展[2]。社会组织的组建及其自我服务行动的展开自然也会受到外部环境的影响。在很多时候，社会组织就是在外界示范下而产生的，其基本逻辑是：别人这么做，取得了令人期待的效果，所以我们也这么做，通过自我组织的方式形成持续性、制度化的互动

---

① W.理查德·斯科特、杰拉尔德·F.戴维斯：《组织理论——理性、自然与开放系统的视角》，高俊山，译，中国人民大学出版社2011年版，第121页。

② 于显洋：《组织社会学》第三版，中国人民大学出版社2016年版，第57页。

和互惠机制。无疑,这是一种行动模仿、社会学习和机制移植的过程;同时,这也是社会组织发展过程中所产生的乘数效应,一个社会组织的形成和功能发挥形成示范作用,进而诱发其他众多组织的生成和发展[1]。概括而言,这种示范效应遵循两种路径[2][3]:

第一种是"喷射状"路径(如图2-8所示),即全国性社会组织成立后,各地方在全国性社会组织示范的作用下成立相同或相似的地方性社会组织。

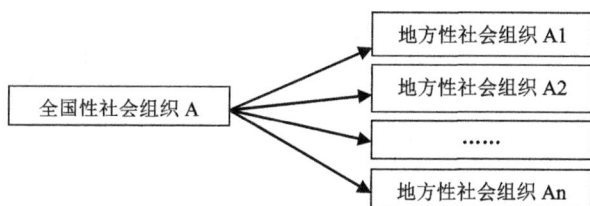

图2-8 社会组织生成的"喷射状"路径示意

第二种是"折射状"路径(如图2-9所示),即先出现一个地方性的社会组织,然后引起国家重视,进而成立全国性社会组织,而后又出现"喷射状"现象(图2-9中的线路Ⅰ)。或者受该地方性社会组织的示范和启示,其他地方也随之成立相同或相似的社会组织(图2-9中的线路Ⅱ)。

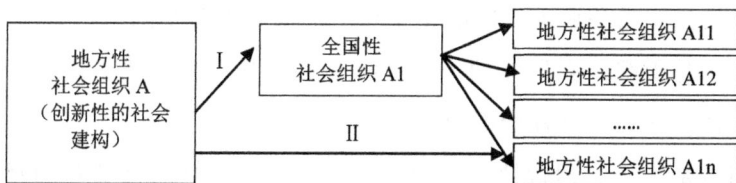

图2-9 社会组织生成的"折射状"路径示意

王名等学者通过统计计算证明了这种示范效应的真实性。他们以社会团体为例计算了三种相关性:一是省级社会团体同当年全国性社会团体的

---

① 许琳、何晔:《论慈善事业发展的乘数效应》,《西北大学学报(哲学社会科学版)》,2005年第1期,第140—144页。

② 王名、刘国翰、何建宇:《中国社团改革——从政府选择到社会选择》,社会科学文献出版社2001年版,第92—93页。

③ 徐彬主编:《探索与前行:社会组织研究论文集》,安徽师范大学出版社2014年版,第88—90页。

相关性，总相关系数为0.828；二是省级社会团体同上一年全国性社会团体的相关性，总相关系数为0.837；三是省级社会团体同下一年全国性社会团体的相关性，总相关系数为0.791（详见表2-2）。其中，第一和第二种相关性证明的是"喷射状"路径的真实性，第三种相关性证明的是"折射状"路径的真实性。

表2-2　省级社团同全国性社团的相关系数

类型	上海	广东	黑龙江	湖北	云南	甘肃	合计
省级社团同当年全国性社团的相关性	0.652	0.780	0.878	0.824	0.870	0.792	0.828
省级社团同上年全国性社团的相关性	0.691	0.828	0.833	0.802	0.889	0.790	0.837
省级社团同下年全国性社团的相关性	0.697	0.793	0.760	0.744	0.820	0.735	0.791

具体而言，外界示范下的自我组织逻辑如图2-10所示：

第一步是起点。具有外部示范作用的社会组织出现，且其被相关主体（即学习者、模仿者）发现、感知；学习者、模仿者在此基础上，进行自我审视，进而感知到展开自我组织、构建社会组织自我服务网络的必要性。

第二步是动员。关键个体或群体采取自我组织行动，开展群体动员，强化与塑造组织认同，培养与提升群体的情感归属；同时，进行资源动员，为社会组织自我服务机制的建立和运行奠定资源基础。

第三步是组织。在群体动员和资源动员的基础上，建立组织规则，搭建组织载体，正式成立社会组织。

第四步是服务。运行社会组织，开展组织化、持续性的互动互惠，开展自我服务。

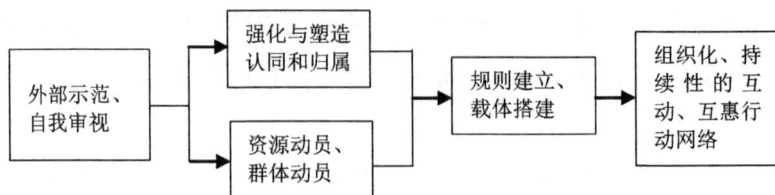

图2-10　外部示范的自我服务网络建构逻辑示意

(六) 自我服务网络生成逻辑的综合分析

综上所述,社会组织的生成及其自我服务机制的建立存在多种逻辑。每一种逻辑都能在现实中找到活生生的例子,每一种逻辑也都有自己的特点。这里从各逻辑的关键影响因素、常见领域、组织自主性、扩张取向、异化的风险等五个角度予以综合比较分析。

1.关键影响因素

对于各逻辑而言,其主要区别就在于启动社会组织自我服务网络的关键因素不同。互信互赖下的社会建构逻辑的关键因素是行动者的长期的互动互惠实践,及其建构的熟人网络和互信,可以将之概括为社会资本。责任昭示下的公共行动遵循的是精英主义逻辑,能人、关键个体或群体的责任心起关键作用。理性考量下的互助互惠逻辑以行动者的利益得失和收益比较为关键影响因素,与相对收益的可得性大小直接相关。在政府支持下的自我整合逻辑中,政府的引导和支持起关键作用。外界示范下的自我组织逻辑体现了社会组织发展的乘数效应,起关键作用的是已有社会组织及其自我服务行动的有效示范和行动者的感知与自组织行动。

2.常见领域

不同的生成逻辑经常发生的领域也不同,或者说,每一种生成逻辑都有着相对独特的发生情境。互信互赖下的社会建构逻辑由于以长期互动为关键因素,因此,其更适合发生在便于交往的情境,比如基层社区、某一区域的同一行业,以这种逻辑生成的社会组织往往表现为基层自组织(社区社会组织)、行业协会商会等。责任昭示下的公共行动逻辑以能人、关键个体或群体为驱动因素,往往与社会贤达、行业精英、业界领袖联系在一起,因此,常常发生在学术研究领域、行业性专业性领域、社会公益领域(如环境保护、社会救助)等。理性考量下的互助互惠逻辑比较适合于市场领域,也更容易发生在市场领域,作为市场机制的补充机制而生成,因此,常常发生在行业性、专业性领域,遵循理性考量下的互惠逻辑而生成的大多是行业协会商会。政府支持下的自我整合逻辑和外界示范下的自我组织逻辑更多的是由社会组织之外的因素推动的，因此没有特定的发生场域。换言之，任何领域的社会组织都可以因这两种逻辑而生成。

3.组织自主性

从法律地位上看，社会组织具有独立的法人属性。莱斯特·M.萨拉蒙指出，社会组织是具有正式内部治理结构和内部治理制度的组织实体，因此，"基本上是独立处理各自的事务"①的。社会组织的独立自主性有助于其能动性、积极性和创造性的发挥，能够基于自己的使命确定自己的发展方向和目标、实施自己的决策和计划②。然而，与政府相比，社会组织具有民间性，缺乏强制收税和动员资源的权力和能力；与企业相比，社会组织具有公共性，缺乏通过市场运作获取利润、弥补成本的资格和特性。所以，社会组织是"弱势"的，依赖政府财政拨款，容易失去自己的独立自治属性；依赖企业捐款，又容易失去自己固有的公共性。正是在这种左右为难的矛盾"夹缝"中，社会组织的自主性常常会受到限制。依循不同逻辑而产生的社会组织，自主性程度也存在差异。

第一，互信互赖下的社会建构逻辑和责任昭示下的公共行动逻辑都因社会自组织而产生，受外部主体直接干预的力度相对较小，因此，依循这两种逻辑生成的社会组织具有相对较强的自主性。

第二，基于功利目的、理性权衡而达成的社会一致性行动是社会组织自我服务机制建构的重要逻辑，这一逻辑与依靠单一权力驱动的公共行动相比，体现了社会的自主性③。但同时为公共行动背上了市场的"包袱"，其自主性受到理性行动者的左右。因此，在理性考量下组建的社会组织常常受到其发起者（尤其是企业）的干预，行动自主性受到限制。很多行业协会商会就存在这种问题——此类社会组织常常由行业中的"领头"企业组建，这些"领头"企业的负责人也往往担任社会组织的主要负责人。虽然此类社会组织也开展一些矛盾调解、行业发展政策倡导等自我服务行

---

① 徐宇珊：《莱斯特·M.萨拉蒙、S.沃加斯·索可洛斯基：〈全球公民社会——非营利部门国际指数〉》，《公共管理评论》，2008年第1期，第1—2页。

② 王绍光：《多元与统一——第三部门国际比较研究》，浙江人民出版社1999年版，第53页。

③ 廖鸿、石国亮、朱晓红：《国外非营利组织管理创新与启示》，中国言实出版社2011年版，第250页。

动,但其发展目标、运行方向往往被这些"领头"企业所操控,社会组织因此而演变成少数几个企业形成的利益集团和私人俱乐部,成为少数成员的谋利工具[1]。

第三,政府支持下组建的社会组织往往在资源上对政府有着较强的依赖,其负责人的产生、日常任务的承担、服务项目的获得等也受到政府部门的直接影响。虽然此类社会组织也是独立法人,在很多时候也追求组织自主。但其自主能力与政府影响之间是"非对称"的,因此,其自主性会被削弱[2]。

第四,受外界示范而产生的社会组织在受到外部启示后,既可能是熟人之间在互惠情感下发生的自我组织行动的产物,也可能是某些政府部门受到启示后支持关键个人或群体的产物,还可能是行业精英或"领头"企业受到启示后组建的。因此,遵循外界示范下的自我组织逻辑而产生的社会组织的自主性存在多种情形,这一逻辑本身对社会组织的自主性没有特定影响。

这里需要强调一点,无论以何种逻辑生成的社会组织,都应受到业务主管部门、登记管理机关、行业行政管理部门的监督和管理,这是其应该自觉担负的法定义务。因此,无论在何种情况下,社会组织都不是绝对的自主的,享有的是既定法律框架下的有限自主性[3]。换言之,虽然社会组织是具有自治属性的独立法人,但绝非"独立王国",任何社会组织都不能以自治为由来对抗政府相关部门的依法监管[4]。

4.扩张取向

实施组织扩张,使组织大规模地发展,也许是所有组织都有的内在冲动,社会组织自然也不例外。

---

[1] 安建增、孔卫拿、袁玉琴:《社会组织与社会服务:芜湖社会组织发展报告(2016)》,安徽师范大学出版社2018年版,第121页。

[2] 徐宇珊:《非对称性依赖:中国基金会与政府关系研究》,《公共管理学报》,2008年第5卷第1期,第33—40,121页。

[3] 王绍光:《多元与统一——第三部门国际比较研究》,浙江人民出版社1999年版,第53页。

[4] 安建增:《政治哲学视野中的自治理论研究》,安徽师范大学出版社2015年版,第269页。

第一，互信互赖下的社会建构逻辑以基层社区或行业领域内的"熟人"为主要对象，因此其扩张性相对较弱，以小共同体为服务取向。这种取向多少具有"独善其身"的意味。

第二，以责任昭示下的公共行动逻辑而产生的社会组织以自身所处的学术研究领域、行业性专业性领域为服务面向，扩张性并不是特别强。但是，其扩张性要比以互信互赖逻辑形成的社会组织略强一些，视所属领域的所有个体为潜在成员，并追求组织影响力、吸引力和服务力的提升和扩大，以便于将这些潜在成员变为显在成员。

第三，以理性考量下的互助互惠逻辑而生成的社会组织以追求相对收益为主要目的，这种相对收益量与社会组织的规模成正比，所以此类社会组织的扩张性相对比较强，发展动力更为明显。

第四，以政府支持下的自我整合逻辑而产生的社会组织扩张性也比较强。这与政府的公共性有关。政府作为公共权力的代表，应在公共生活中担负相关职能，其职能范围或者涵盖某一行业或领域，或者涵盖某一区域（辖区）[1]。因此，其以最广泛的利益为追求，这种追求也会延伸到其所支持的社会组织当中。所以，此类社会组织具有扩张的内在动机。

第五，由于外界示范下的自我组织具有多元性，所以，以外界示范为起点的社会组织在扩张性这一点上也具有多元性。

5.异化的风险

社会组织绝非"天使"，也存在异化的可能[2]。比如，服务对象的狭隘性、组织运行的官僚作风和家长作风、团体利己主义、撕裂社会关系、对抗政府或抵制政策执行、滥用浪费公共项目资金等。不同的生产逻辑，也会为社会组织的异化风险埋下不同的诱因。"历史是重要的，因为它是'路径依赖'的：首先出现的事件（即使它在某种意义上说是'偶然的'）为后来发生的事件设定了条件"[3]。

① 黄健荣主编：《公共管理学》，社会科学文献出版社2008年版，第157页。

② 王绍光：《多元与统一——第三部门国际比较研究》，浙江人民出版社1999年版，第42页。

③罗伯特·D.帕特南：《使民主运转起来：现代意大利的公民传统》，王列、赖海榕，译，江西人民出版社2001年版，第7页。

第一,基于互信互赖逻辑而形成的社会组织容易异化为"独立王国",或者以偏狭的内在利益为旨归,宣扬集团利己主义,对"非成员"的利益弃之不顾;或者为了实现组织内部的一致、强化组织的内部凝聚力,而刻意宣扬外部的压力和威胁,这种宣扬无疑会扩大整个社会的张力和裂度;或者以集体名义发出偏狭诉求,发起集体行动,对抗政策执行①;或者秉持"政治孤立主义",追求自然状态意义上的自我服务,而无视任何公共事务②。

第二,基于责任昭示逻辑而形成的社会组织容易受到能人/关键群体的影响,因此,其具有更强的动员能力和集体行动能力,当其集团利己主义被激发时,集体行动力更加强大,负面影响要甚于以互信互赖逻辑而形成的社会组织。

第三,基于理性考量逻辑而生成的社会组织更容易受到经济利益的诱惑,或者偏狭地追求组织本位利益而无视公共利益,或者追求少数精英成员的利益而无视群体共有利益,或者借用社会组织名义骗取财政支持,或者为了集团利益而抵制公共政策、发起群体行动。

第四,基于政府支持逻辑而生成的社会组织一般会与政府保持良好的合作关系,对公共政策的执行也持有支持配合态度。但是,此类社会组织却会因为政府背景而发生其他的异化行为。诸如,自发成立的社会组织,建立社会关系的目的性更强,自主性也相对较强③,但此类社会组织过分依赖于政府,更容易失去创新动力、追求高效运行的动力等;在过分依赖政府的情况下,导致社会组织在与政府互动过程中缺乏自主性,丧失了本应具备的独立属性;因与政府的连带关系,采用非竞争性购买直接获得政府财政资助或项目资助,对政府购买服务的公开公平竞争造成负面影响;甚至可能出现利用连带关系寻租的行为——关联交易和利益输送,造成公

---

① 张静:《法团主义》,东方出版社2015年版,第49页。

② 以赛亚·伯林:《自由论》,胡传胜,译,译林出版社2011年版,第184页。

③ 张静主编:《社会组织化行为:案例研究》,社会科学文献出版社2018年版,27页。

共资源浪费，也会因此而降低公共服务的供给数量和质量[①]。

第五，基于外界示范逻辑而生成的社会组织具有多元性，所以此种逻辑对于社会组织的异化风险没有特定影响，此类社会组织可能会出现上述任何一种风险。

6.小结：上述比较的归纳和梳理

为清晰起见，这里将以上综合比较的结论和要点进行了归纳和梳理，详见表2-3：

表2-3　社会组织自我服务网络生成逻辑的比较分析

类型	关键影响因素	常见领域	组织自主性	扩张取向	异化的风险
互信互赖下的社会建构	长期的互动互惠实践、"熟人网络"和互信	基层社区、某一区域的同一行业	自主性较强	较弱	易异化为"独立王国"；诱发群体行动，因集团利己主义而对抗政策执行；追求"政治孤立主义"
责任昭示下的公共行动	能人、关键个体或群体及其责任心	学术研究领域、行业性专业性领域	自主性较强	居中	易受能人/关键群体的影响，因本位主义而诱发更大的社会张力
理性考量下的互惠逻辑	"利益得失"和"收益比较"的综合衡量，"相对收益"的可得性大小	行业性专业性领域	自主性易受影响	较强	易受经济利益驱使而损害公共利益
政府支持下的自我整合	政府的引导和支持	所有领域	自主性易受影响	较强	易丧失创新和发展动力；影响政府购买服务的公平公开性；寻租

---

① 王浦劬、莱斯特·M.萨拉蒙，等：《政府向社会组织购买公共服务研究：中国与全球经验分析》，北京大学出版社2010年版，第20—23页。

类型	关键影响因素	常见领域	组织自主性	扩张取向	异化的风险
外界示范下的自我组织	社会组织及其自我服务行动的有效示范	所有领域	对自主性没有特定影响	对扩张取向没有特定影响	对组织异化没有特定影响

三、社会组织自我服务的观念基础

很多行为的起因不仅源于事实，而且还与人们对事实背后的"感觉"密切相关。这种"感觉"在实质上就是文化和观念。人们往往会为事物赋予特定的意涵和价值，这种意涵和价值也是产生相应行为的初始动因之一。所以，人不仅生活在事实当中，而且生活在意涵和价值当中。这种观念性的要素促使着人们可能对某物置之不理，可能对某物"趋之若鹜"，可能对某物的追求十分紧迫并因此而精神抖擞、斗志昂扬、意气风发，可能对某物毫无感觉并因此而精神萎靡、无精打采、无所作为。概言之，个体或群体普遍自觉的价值观念、行为模式、个性态度、思维方式等观念要素是诱发行为的重要基础。社会组织自我服务网络的构建、运行等自然也有其独特的观念基础。

组织在某种程度上可被视作是经济基础、互动关系和符号结构构成的精心设计和详细阐释的场域。组织成员都对这一场域有着独特的文化—认知系统，即组织在本质上是成员对其建构的一种理解图示。通过该理解图示，组织成员既可以形塑自己在组织中的角色，又可以对组织形成"定位、感知、界定和标名"[1]。这说明，自我服务网络和组织形态虽然有外在的载体和结构，但同时也具有内隐的价值和观念，外在结构和内在价值

---

[1] W.理查德·斯科特：《制度与组织——思想观念与物质利益》第3版，姚伟、王黎芳，译，中国人民大学出版社2010年版，第194—196页。

观念是互为表里、相互支持的①。罗伯特·帕克就曾指出，在本质上，任何一种制度和结构都是特定条件下的价值选择，背后都蕴含着特定的价值前提和伦理假设②。

支撑社会组织自我服务网络的价值观念包括："自我"与"他人"的共在观念、社会自主观念、公共参与观念、服务导向观念和情感观念。

（一）"自我"与"他人"的共在观念

在哲学上，"自我"和"他人"都是重要的概念和论题。在黑格尔之前，哲学家们就已经区分了"自我"与"他人"的关系，并把"确立自我"作为基本任务，这种观念导致了"主客体"关系的高扬，围绕"自我"，形成了一个"中心—边缘"结构。但随着工业社会的发展演化，黑格尔及其以后的哲学家们开始关注"自我"之外的世界，并且为了应对社会风险，开始高举合作的价值，摒弃"中心—边缘"结构，转而寻求"自我"与"他人"的共在。这样，"主客体"关系逐渐走向"主体间性"（或称"互主体性"）。"所以，在社会生活的所有领域中，人们都会看到自我与他人合作的价值开始张扬。一旦合作的理念得以全面确立，自我与他人的关系就会进入自觉的重塑进程"③。这一重塑进程影响巨大，不仅体现在个体意义上的主体平等性，而且涉及全球治理视域下的人类命运共同体和国际协作，涉及国家与社会的协同，涉及社会组织内部的合作与协同。在社会组织自我服务网络中，参与者（组织成员）在不断的多元协商、理性讨论等互动过程中会逐渐学会放弃"吃独食"，转而采取合作互惠的行动方式，既保护和实现自己的利益，又尊重和促进他人的利益；既践行自己的主体性，又尊重他人的主体性④。因此可以说，提供自我服务的社会组织是在"自我"与"他人"的共在观念影响下形成的社会合作共同体，

---

① 何增科主编：《公民社会与第三部门》，社会科学文献出版社2000年版，第5页。

② 丁元竹：《社会治理现代化的探索》，国家行政学院出版社2016年版，第6—7页。

③ 张康之、张乾友：《共同体的进化》，中国社会科学出版社2012年版，第160页。

④ Kohler-Koch, B., and Eising, R., The Transformation of Governance in the European Union. London：Routledge,1999,p3.

"自我"与"他人"的共在观念是这一共同体的价值内核。

(二) 社会自主观念

社会自主性取向摒弃了垂直性的协调与权威关系,转向注重水平性的合作与人际的互动网络。社会组织通过内部的自我治理来实现自我控制和自我服务,通过组织内部的互动来维持内部秩序、满足成员需求,这是一种社会建构的观念,体现的正是社会自主性[1]。或者说,社会组织及其产生本身即在追求自主行动、自责自负和自我满足,社会自主性是一种旨在区分国家与社会、彰显自主、追求自治的价值观。主要表现在四个层面。

第一,社会组织自我服务网络属于"政府之外"的社会支持载体,是开展自我管理、自我教育、自我服务和自我监督的主动行动者。虽然社会组织自我服务网络的建构与运行离不开党和政府等外部力量的支持,但是作为独立的社会行动者,"自己处理自己的事务、自己解决自己的问题",体现的是社会自主观念。

第二,社会组织具有组织自主性,在与政府等外部力量的交互过程中,代表内部成员表达诉求、参与协商,彰显的是主体间性——不以"附庸"或"尾巴"的方式参与公共协商,是平等交互。这是另一层面上的社会自主观念。

第三,以声誉动机与观念为先导。发起社会组织建设行动,汇聚资源开展自我服务。在这一过程中,声誉机制发挥着重要作用[2]。换言之,社会组织的生成及其自我服务活动的展开是基于内部声誉动机的自主行动,而不是源于外部权力强制机制。

第四,以成员互益和公益为宗旨的社会组织,是提供服务的公共行动者,是使命为先、责任促动的,十分在意且重视将使命、责任等反映在自

---

① 全钟燮:《公共行政的社会建构:解释与批判》,孙柏瑛、张钢、黎洁,等译,北京大学出版社2008年版,第46页。

② 彭宗超、马奔、刘涛雄:《合作博弈与和谐治理:中国合和式民主研究》,清华大学出版社2013年版,第88页。

己的体系与结构当中①。在这一过程中，社会组织的自我服务行动具有公共性，其与受益者之间不是直接的利益交换，而是非均衡性地需求满足和服务递送。这与市场机制的营利性趋向及其直接的利益交换特性存在明显差异，也与政府自上而下的公共服务机制存在显著区别，其内蕴的是自我行动的社会责任感和使命感②。

（三）公共参与观念

社会组织是公共参与的平台，其成员因具有公共参与观念而发生组建或参与行动，因此，社会组织内蕴着显著的参与观念。概括而言，社会组织公共参与观念表现在两个层面：组织内部参与和公共事务参与。

1. 社会组织自我服务网络的内部参与

一方面，启动社会组织的建设、参与社会团体获得成员资格，都是个体走出家庭参与群体事务的体现，都是从私人领域进入公共空间的结果。换言之，社会组织自我服务网络中的人都有着一颗乐于参与、乐于融入、乐于交往和乐于集体行动的心。如果缺乏这种参与群体、共同行动的内在积极性，个体自然也就无意加入社会组织，更无意组建社会组织。因此，社会组织自我服务网络中的个体本身即具备乐群性，具有群体参与、社会交互的内部驱动和动机。比如，某社区插花协会的负责人曾表示："我们协会的宗旨在于促成组织成员之间的交流和学习。协会搭建了三个平台：一是插花技艺和创意展示平台，定期不定期地组织成员展示自己的插花作品，我们甚至还准备向社区争取一个房间，办一个插花陈列馆。二是插花技艺和创意学习平台，定期不定期要求专业人员讲解插花技术，推动成员掌握更高层次的插花技艺，也会请一些美术专家、养花专业户等，为成员讲述有关专业知识。三是成员间的交互学习平台，这是我们最经常开展的活动，定期将大家组织起来，互相交流插花技艺和创意，互相切磋技艺、

---

① 何增科主编：《公民社会与第三部门》，社会科学文献出版社2000年版，第313页。

② 王名：《社会组织论纲》，社会科学文献出版社2013年版，第12页。

传授经验。"①从这一表述中不难发现,参与该协会的成员都具有较强的社会交往意识,或者向成员展示自己,获得认同;或者参与协会活动,展开互动。如果缺乏社会交往意识,不愿意参与到相应的社会网络当中,也就不会积极参与协会以及协会活动;如果缺乏社会交往意识,就是成立了协会,也会因为参与人数少、参与频率低、参与程度浅而导致该协会名存实亡。

另一方面,社会组织内部的自我管理与自我服务带有"众筹"的意味,既需要组织成员积极贡献自己的财务资源、智力资源和信息资源等,也需要组织成员积极参与组织事务,表达诉求、议题论辩、协商议事和出谋划策等。如果组织成员缺乏参与组织活动的积极性、缺乏介入组织事务的内在动机,势必会使社会组织的活力大打折扣,自然也会降低社会组织自我服务功能的发挥。从另一个侧面讲,社会组织的活力激发和服务功能的发挥不仅需要其成员奉献资源,而且需要其成员奉献时间——以"在场"的方式支持组织的运行。简言之,充满活力的社会组织在本质上需要其成员以自身的参与和体验才能建构。正是因为社会组织内部的高度内聚性,才有组织成员的积极参与;反过来,因为组织成员的积极参与,也会因频繁互动和互惠而提升社会组织的内聚性②。

2.社会组织对公共事务的参与

首先,社会组织作为社会成员自我组织的载体,扮演着成员与政府沟通交互的角色,在整合内部利益诉求和价值偏好的基础上,表达民意、传达民情——"将彼此之间具有共同需要的利益诉求和权利意识表达成为一定的集体意志,并通过集体行动的方式参与到各种社会公共事务中,通过表达和参与形成在社会公共领域中的话语权"③。在这一过程中,社会组织不仅实施了内部的自我管理、自我教育和自我协调行动,而且面向全社会展开了公共表达、公共协商,这是公共参与意识的体现。"公民共同体

---

①　课题组:《芜湖市弋江区鲁港街道汇成名郡社区插花协会调研记录》,2018年5月15日。

②　张凤阳,等:《政治哲学关键词》,江苏人民出版社2006年版,第134页。

③　王名:《社会组织论纲》,社会科学文献出版社2013年版,第105页。

的规模越大，个人的效能感就越弱，也就是无力感越强。因此，参与的动机就越弱，随之而来的则是参与行为就越少"①。在人口众多、地域广袤的国家中，公民个体的参与意识随着功效感的降低而削弱，但社会组织等中介载体的出现，使得公民的参与成为可能。即每个个体作为成员在小团体内部进行诉求表达，因为团体规模较小，个体直接参与的障碍较小，功效感也较强，个体的参与意识较强；社会组织在内部协调的基础上，代表成员表达诉求，既在表面上传递了成员的诉求信息，又在本质上传递了成员的公共参与②。总之，社会组织在提供诉求表达服务的过程当中，体现了公共参与意识。

其次，社会组织还具有倡导公共政策的功能，比如积极参与行业管理立法和公共政策制订过程、为特定群体（如留守儿童、特困老人、残疾人群）的社会福利政策制定提出建议、参与各种公共协商活动，等等③。这些自然也是以社会组织的公共参与意识为前提和基础的。

最后，通过有组织的社会动员和社会参与来表达并实现成员所追求的公共价值④。比如，芜湖市环境保护志愿者协会通过行动向全社会宣扬水资源保护意识，提供水资源保护政策建议，提升水资源保护水平，这些行动为组织成员施展才华、献身公益提供了平台，实现了组织成员对于环境保护的价值追求；又如，安徽省高等学校书法教育协会通过改进书法教育模式等方式提升高校书法教育水平，并通过书法教育弘扬优秀传统文化、培育高质量师范人才，这无疑也为其成员实现人生价值、奉献自身力量提供了机会。这些都体现了社会组织的公共责任意识和社会使命感，是更高层次的公共参与。有学者形象地指出，恰如树木需要成活在土壤中一样，纯公益人也是成活在特定的社会"土壤"中⑤。社会组织就是推动其成员

---

① 罗伯特·A.达尔、爱德华·R.塔夫特：《规模与民主》，唐皇凤、刘晔，译，上海人民出版社2013年版，第42页。

② 罗伯特·达尔：《多头政体——参与和反对》，谭君久、刘惠荣，译，商务印书馆2003年版，第25页。

③ 王名：《社会组织论纲》，社会科学文献出版社2013年版，第106—107页。

④ 王名：《社会组织论纲》，社会科学文献出版社2013年版，第105页。

⑤ 陶传进：《社会公益供给——NPO、公共部门与市场》，清华大学出版社2005年版，第60页。

实现自身社会价值的"土壤",也正是社会组织这种"土壤"培育了公共参与意识,彰显了公共参与意识。在某种程度上也可以说,社会组织是培育公共参与意识和公共责任意识的学校。

(四) 服务导向观念

社会组织具有自我管理、自我控制和自我监督的功能,可以对成员的机会主义行为进行约束和规范,也可以依据组织内部规则和制度来对成员进行惩戒。这是维持社会组织自我服务网络所涉领域基本秩序的保证,也是促进成员互动、互赖和互惠的基础。从这个角度讲,适度有效的规制也具有一定的服务性和推动性。米哈伊洛·马尔科维奇就曾表达过这样的意思:"创造力和控制力是两个相对应的概念。控制与秩序相关,好的控制形成好的秩序,控制力有助于创造力的培养与实现"[1]。

但是,社会组织实施的团体内部规制更多属于"反向强化"。如果社会组织仅仅是自我管理和自我控制,而缺少协调、需求满足、目标实现等角色扮演的话,将无法在个体与群体之间形成有机关联[2]。换言之,社会组织需要具备"正向强化"的功能,通过自我服务使成员的需求得到满足,使成员感到温暖;通过自我服务推动成员的发展,使成员感到有发展的机会与希望;通过自我服务推动成员的进步、提升人生境界,使成员感到人生之意义和价值。"正向强化"的自我服务功能发挥,也是提高成员相对收益,进而提升社会组织内聚力的关键。相反,如果社会组织不能做到"正向强化",组织成员将不会体会到其带来的温暖,势必会削弱其内聚力。总之,社会组织应具有服务导向观念,这既是其产生的缘由,也是其可持续发展的基础。

(五) 情感观念

在社会组织自我服务网络的形成过程中,都包含"认同和归属情感强

---

[1] 胡雪萍:《公民个体与社会组织:马尔科维奇民主思想研究》,上海人民出版社2013年版,第202页。
[2] 张静主编:《社会组织化行为:案例研究》,社会科学文献出版社2018年版,第15页。

化"这一环节。这是因为其生成和运行都遵循"关系逻辑"——以熟人关系为基础，以关系网络为依托①。概言之，在社会组织自我服务网络中，每个成员都是镶嵌于社会网络中的人，成员之间相互了解，存在深刻的互信，且对社群伦理、社群规范和社群仪式等共有意义高度认同，因此，成员之间除了依据严格的正式制度展开互动之外，还常常以情感观念为基础来处理问题。

四、社会组织自我服务的运行机制

自我服务的组织载体是一种静态的存在，其只有附着在动态、系统的运行机制之上才能发挥应有的功能。一般而言，社会组织自我服务的运行机制包括内部治理机制、内部参与机制、柔性治理机制、资源筹措机制和服务递送机制等。

（一）内部治理机制

有学者指出："社会中的私人关系依靠生存本能和利益衡量就可以出现，但公共关系则需要更多因素——规则约束、组织能力、纽带维系、价值和利益共享、社会支持、领袖及其超越个体利益的决断力等——方可持续"②。因此，作为自我服务载体的社会组织需要健全内部治理结构，完善内部治理机制，这也是社会组织发挥自我服务作用的基础条件。《中华人民共和国民法总则》第九十一条规定，社会团体法人应当设会员大会或者会员代表大会等权力机构。社会团体法人应当设理事会等执行机构。第九十三条规定，捐助法人应当设理事会、民主管理组织等决策机构，并设执行机构。理事长等负责人按照法人章程的规定担任法定代表人。捐助法人应当设监事会等监督机构。《中华人民共和国慈善法》第九条规定，慈

---

① 罗家德、梁肖月：《社区营造的理论、流程与案例》，社会科学文献出版社2017年版，第37页。

② 张静主编：《社会组织化行为：案例研究》，社会科学文献出版社2018年版，第1页。

善组织应当具备的基本条件之一是"有符合条件的组织机构和负责人"；第十一条规定，慈善组织的章程，应当载明的事项包括"决策、执行机构的组成及职责""内部监督机制"；第十二条规定，慈善组织应当根据法律法规以及章程的规定，建立健全内部治理结构，明确决策、执行、监督等方面的职责权限，开展慈善活动。

具体而言，社会组织内部治理机制需要包括四个层面。

第一，引领与导向机制。担承引领与导向机制的结构要素是社会组织党组织。《中国共产党章程》第三十条规定，企业、农村、机关、学校、科研院所、街道社区、社会组织、人民解放军连队和其他基层单位，凡是有正式党员三人以上的，都应当成立党的基层组织。党的基层组织，根据工作需要和党员人数，经上级党组织批准，分别设立党的基层委员会、总支部委员会、支部委员会。基层委员会由党员大会或代表大会选举产生，总支部委员会和支部委员会由党员大会选举产生，提出委员候选人要广泛征求党员和群众的意见。换言之，只要有三名以上正式党员且经上级党组织批准，社会组织就应该成立党组织。在满足条件的情况下，社会组织党组织是社会组织内部治理所必备的结构要素。同时，中共中央办公厅2015年印发的《关于加强社会组织党的建设工作的意见（试行）》明确指出，社会组织党组织是党在社会组织中的战斗堡垒，发挥政治核心作用。具体而言，其功能包括：保证政治方向、团结凝聚群众、推动事业发展、建设先进文化、服务人才成长、加强自身建设。

第二，决策与议事机制。担承决策与议事机制的结构要素是社会组织的决策与权力机构，如社会团体的会员大会或会员代表大会，基金会和社会服务机构的理事会或常务理事会。社会组织的决策与权力机构是社会组织日常运行的核心，决定和处理社会组织内部的重大事项，诸如组织章程的修改、重要人事的任免与调整、组织使命与战略的设计与调整、组织年度预算和决算的审批等。根据有关规定，社会组织决策与议事机制的最突出特征是集体决策，以合议制的方式作出决定，这也是社会组织公益属性所决定的。具体而言，社会组织决策与议事机制还包括会议议程启动机制、会议议事（协商论辩）机制和表决机制等。

第三，执行与服务机制。担承执行与服务机制的结构要素是社会组织执行机构及其内设工作机构、分支机构和代表机构，如秘书处、财务部门、人力资源管理部门等，它们是社会组织运行的具体操作者。社会组织的日常运行主要依赖的便是其执行与服务机制，涉及社会组织的人财物协调、内部事务处理、服务开展与递送、各种专门业务的操作办理等。与其有关的制度包括：财务管理制度、人事管理制度、档案管理制度、证照和印章管理制度、分支（代表）机构管理制度、薪酬管理制度、项目管理制度、票据使用管理制度、会费管理制度、会员管理制度和资产管理制度，等等。由于每一个社会组织所涉领域和业务范围不同，组织规模与发展阶段不同，其具体的执行与服务机制存在着千差万别。同时，每一个社会组织也只有依据自己的运行情境和工作任务来设计健全、合理的执行与服务机制，才能有序有效地运行，且充分高效地展开服务工作。

第四，监督与控制机制。担承监督与控制机制的结构要素是社会组织的监事或监事会。对于监事会而言，其发挥作用的机制具有合议性，即组成监事会的监事通过集体决策的方式发挥监督控制作用。监事或监事会发挥监督控制作用的机制包括：列席理事会会议，现场对理事会及理事进行监督；审阅有关原始材料和报表，对社会组织的财务及服务行为进行监督；通过质询机制，监督社会组织内部各治理主体对法律和章程的遵守情况；利用制度化的沟通和表达渠道，向登记管理机关和业务管理部门反映社会组织运行过程中出现的异常情况，等等。可以说，监事或监事会是社会组织的专门的监督控制结构。从广义上看，发挥监督与控制作用的不仅仅是监事或监事会，还有社会组织的党组织、决策与权力结构、执行与服务机构中的管理者、财务部门等，这些结构都在各自的职责权限范围内对相关主体进行监督和控制。

（二）内部参与机制

不参与无互动，不参与无信任。自我服务具有强烈的互惠、互益特征，因此，社会组织自我服务网络不仅要满足成员的需要，而且更为重要的是看其"是否采取了参与民主的决策方式"①。社会组织运行的重要机制就是参与。如果没有了参与，互动和信任都不会持久，组织也就会走向崩塌。这一点与其产生逻辑一致。换言之，社会组织是否具备良好的运行能力，能否开展充分的自我服务，能否通过惩罚和激励机制来保持组织内部的合作关系，等等都是社会组织能否健康地可持续发展的关键之所在②。

从另一个角度讲，社会组织在开展自我服务的过程中，尤其要注意搭建开放包容的空间，使组织成员可以便捷地参与其中，表达自己。首先，公开性和开放性有助于组织成员发挥自己的智能作用，贡献自己的资源，使社会组织的自我服务行动得以顺利展开。其次，公开性和开放性有助于组织成员将自己嵌入社会组织这一自我服务网络中，与其他成员同行，在同行过程中建构自己的社会性，形成组织认同感，既体验自己的成员资格，又践行自己的成员责任。最后，公开性和开放性有助于推动组织成员与组织整体的互动，在互动中体验自己的成员身份，增进对组织的认知和认同。

内部参与机制主要包括如下五个层面：一是会员个体参与会员大会（会员代表大会）、组织成员参与职工大会，通过"大会"来表达意见和诉求、参与组织的决策，践行主体责任，扮演主人角色；二是社会组织决策过程中的恳谈、协商机制；三是社会组织内设的信息搜集、意见征询、观念表达、议题论辩机制；四是组织运行过程中的授权，组织成员或工作人员在授权范围内自主决策；五是组织活动参与机制，组织成员或工作人员能够参与到组织日常活动当中，如参与社会组织举办的论坛和沙龙、参与社会组织举办的培训班和报告会等。

（三）柔性治理机制

柔性治理是相对于刚性管理而言的。刚性管理强调通过权力强制、命

---

① 陶传进:《社会公益供给——NPO、公共部门与市场》,清华大学出版社2005年版,第163—168页。

② 陶传进:《社会公益供给——NPO、公共部门与市场》,清华大学出版社2005年版,第388页。

令控制等方式实现目标，而柔性治理则另辟蹊径，主张通过参与协商、人心濡化、合作共治等方式实现共同行动①。作为自我服务网络的社会组织更适合柔性治理机制②。一方面，社会组织具有民间属性，其日常运行和作用发挥需要权威，但不能遵循权威主义，以集权控制和权力强制的方式实施。另一方面，社会组织的自我服务过程具有合作属性，强制虽然可以通过单向度的"话语—权力"逻辑、决策权集中垄断的精英治理逻辑来实现一致和秩序，但这是基于强制压迫的表面上的合作，且容易因强制而导致组织冲突；相反，柔性治理则有助于达成本质上的共识，在互动中相互学习，更能形成共同认知和共享观念，构建包容性的行动场域，使合作更为持久③。俗语云，适合的才是最好的，柔性治理更加适合社会组织，与社会组织自我服务行动更加契合，有效的自我服务行动也需要以柔性治理机制为条件。

社会组织的柔性治理机制主要包括三个方面。

第一，内部参与机制。参与是柔性治理的最主要构成，也是构建形成包容性行动场域、相互学习互动网络的基本要求。前文已经阐述了这一内容，不再赘述。

第二，说服教育机制。社会组织不是公共权力组织，在社会组织中通过命令和强制等技术性手段来实现一致的作法本身就是不足取的，也是无法达到预期效果的。因此，说服教育对于社会组织内部的共识形成、一致行动更为有效，也更为必要。刚性管理机制依赖强制力量，通过惩戒生产威慑，进而使成员发生服从行为。相反，通过说服教育，可以塑造认同、承认和信赖，使成员在自愿的基础上发生服从行为。显然，说服教育能够建构和谐融洽的互动关系，不仅有助于降低成员之间发生冲突的可能，有效降低组织内部的交易成本，而且能够统一成员的认知，形成共享观念，

---

① 陈保中、韩前广：《城市社区柔性治理的人心濡化之道——基于上海市J区"客堂汇"的个案研究》，《岭南学刊》，2018年第2期，第103—112页。

② 游碧蓉、吴东阳：《刚性治理与柔性治理：农村合作金融的选择》，《福建农林大学学报》（哲学社会科学版），2018年第21卷第6期，第35—40页。

③ 于显洋：《组织社会学》第三版，中国人民大学出版社2016年版，第206页。

提升合作的强度和持久性。因此，说服教育应是社会组织日常运行的常态。通过说服教育机制的作用，可以达到这样的效果：成员看重共同体的道德联系，这使得"他们是被支配的，但是他们不是被操纵或被命令的"[①]。

第三，认同合作机制。一方面，社会组织自我服务网络在本质意义上具有互信、互赖属性，更多是一种理智秩序。这要求成员有着较强的身份认同——不仅承认自己的成员身份，而且乐于参与自我服务网络。如果不能被社会组织吸纳（不被赋予成员资格），将会感到"孤独"。换言之，个体的责任、角色和身份等只有在置入特定的社会网络中才能被理解、被建构、被确认[②]。概言之，社会组织作为一种共同体（尤其是社会团体），其凝聚力源于成员的相互依赖和共同身份意识，如果社会组织缺乏认同合作机制，势必会削弱组织的凝聚力，甚至会导致组织分崩离析、名存实亡。很多"僵尸社团"都是在这种情况下形成的。另一方面，在社会组织这一小共同体内，要有道德监督机制。当个别成员违背共同体规则时，会受到其他成员的道德谴责，其他成员也会通过不合作的方式来对其进行处罚，甚至将之"逐出"组织，剥夺其成员资格。若违规成员缺乏组织认同和身份认同，上述惩罚对他而言无关痛痒，也就无法发挥约束和规范作用。反过来说，正是由于组织成员认可自己的成员身份，才会乐于接受组织规则，才会因害怕其他成员的不合作和失去自己的成员资格而遵守组织规则[③]。

（四）资源筹措机制

社会组织的运行需要资源支持，自我服务的展开也必须建立在充足的资源条件基础之上。因此，资源筹措机制是社会组织自我服务运行机制的基本构成之一。概括而言，社会组织自我服务资源筹措机制包括四种。

---

① 菲利普·塞尔兹尼克:《社群主义的说服力》，马洪、李清伟，译，上海人民出版社2009年版，第16页。

② 俞可平:《社群主义》，中国社会科学出版社1998年版，第21页。

③ 威尔·金里卡:《自由主义、社群与文化》，应奇、葛水林，译，上海译文出版社2005年版，第52页。

第一，合作"众筹"机制。社会组织的自我服务资源大多源于组织成员的合作"众筹"，诸如：成员缴纳会费、成员捐助、成员贡献自己的人力资源等。成员个体的资源是有限的，无法形成规模效应，这需要通过社会组织来汇聚资源，实现"人多力量大"的资源聚集乘数效应；成员个体在有需要时，自身所拥有的资源没有办法满足需要时，所以需要众筹和互助，以先期"投资"的方式储存资源、积累资本，在需要时从自我服务网络中获取。在此意义上可以讲，社会组织是一种资源汇聚平台，通过汇聚成员的"小资源"，释放更大的服务能量，支持更大的合作行动。

第二，公共项目自我服务机制。社会组织的自我服务虽然具有"集体性"，但当这种"集体性"达到一定规模时，就具有了公共性。因此，政府部门常常将自我服务项目化，社会组织可以通过承接政府购买服务项目、公益创投项目，利用项目资源来开展社会服务。比如，芜湖市社会工作（者）协会承担政府购买的社会工作者培训项目、芜湖市汽配行业协会承担政府购买的汽配城搬迁协调项目、芜湖市银行业协会承担政府购买的银行债务风险化解研究项目等。这些项目都是相关社会组织所涉会员所需要的，也是维持和促进行业良性发展所需要的，具有自我服务属性。但是，这些项目的资源供给者不是会员也不是社会组织，而是政府部门。政府部门之所以利用公共财政资助社会组织开展自我服务，就在于此类自我服务所关涉的领域远远超过社会组织内部，具有明显的公共性。比如，对于银行债务风险化解而言，不仅事关银行本身的利益，更是维持金融秩序、形塑经济发展条件所需要的。在这一过程中，社会组织扮演了服务递送者角色。一般而言，公共项目自我服务机制包括两种路径：一是政府部门发现需求并设计项目，然后通过服务购买、公益创投、直接资助等方式交给相应社会组织来承担；二是社会组织发现需求并提出倡导，在政府部门认可的基础上，以项目的方式交给社会组织来实施运作。

第三，资源链接机制。社会组织作为中枢平台，可以通过资源链接的方式为成员提供服务，这是一种间接的资源筹措机制（如图2-11所示）。比如，芜湖市家装行业协会、芜湖市家具商会、芜湖市银行业协会和芜湖市房地产行业协会等共同举办家装博览会，将装修、家具、房地产和金融四大类会员单位聚集起来，既推动会员单位之间的合作（如房地产公司与银行之间的融资业务，与装修公司、家具公司之间的精装房合作业务）。再如，BJ社区微服务社会组织联合会也通过链接资源的方式为社区居民提供危机干预服务，具体作法是：社会组织发挥自己贴近基层的优势，及时发现居民日常生活中的问题（或者通过信息沟通机制接收居民的需求信息），然后依据问题类型及时链接服务资源。如，该社会组织发现一位孤寡老人三天没有出门，遂联络社区居委会、公安、医院等部门救助；待该老人出院后，该社会组织又与社区居委会共同联系日间照料中心和陪护志愿者，为其提供后续服务。

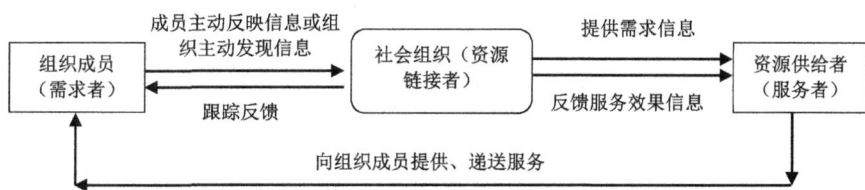

图2-11　社会组织资源链接机制示意

（五）服务递送机制

服务递送机制指向社会组织成员的内在需求，通过服务生产和递送，来提升成员的获得感、安全感和幸福感，这是社会组织公共性的最直接体现。服务递送的效率和效果，也是构建认同情感、释放互惠能量的基本要求。因此，服务递送机制是社会组织运行的必备要素，也是社会组织可持续发展的基本保证。

第一，交流与学习机制。社会组织自我服务网络是一种信息沟通中枢，通过交流与学习机制发挥作用。一方面，内部交流。或者通过沙龙、主题征文、联欢晚会、学术论坛、内部刊物、网络平台（微信群、组织网站）、内部培训等提供成员之间交流、沟通信息的平台，或者开展行业调查与统计搜集整理并发布信息。另一方面，外部交流。或者以组织的名义安排成员参与其他组织开办的论坛、征文等交流活动；或者与其他组织联合举办博览会、交流会、学术论坛等；或者邀请业界专家举办培训、讲座等。通过内外两种交流，既促进成员之间的信息交互和相互学习，又帮助成员参与更加广泛的社会交互，获取资源和帮助，推动会员发展和进步。

第二，管理与协调机制。社会组织自我服务网络建构的是一种自主治理场域，通过管理与协调机制发挥作用。或者制订与发布自治规定与制度，开展自律；或者制订行业标准和行为规范，开展行业认证；或者开展自我教育与自我监督工作，规范和约束组织成员的行动，维持内部秩序；或者针对成员之间的矛盾和冲突，展开调解处置工作，化解纠纷。通过组织内部的自我管理与协调，有助于将社会组织打造成包容、共享、合作的社会网络和交互场域①。

第三，帮扶与救助机制。社会组织自我服务网络是一种互助互惠平台，通过帮扶与救助机制发挥作用。或者代表组织成员参与公共交往，维护成员的权益；或者链接外部资源，为组织成员提供专业的帮扶与救助；或者利用众筹资源，为处于困境中的成员提供救助，使其渡过难关；或者基于组织关联和相互信任，在成员之间进行帮扶性资源的交换和共享（如资金拆借、人员互借、场地共享和信息共享等）。帮扶与救助是最直接的自我服务，是体现社会组织互助互惠的基本形式②。

第四，表达与参与机制。社会组织自我服务网络是一种公共参与中介，通过表达与参与机制发挥作用。社会组织在很多时候扮演着代表的角色，在整合成员利益的基础上向政府部门表达诉求、提供建议③；或者作为信息表达者，参与公共政策制定过程，向政府部门传递行业信息④；或者参与公共政策制定、执行和评估等过程，发挥监督作用；或者承接政府决策

---

① 康晓强：《社会建构的逻辑：中国社会组织发展论纲》，中国政法大学出版社2017年版，第56页。

② 秦晖：《政府与企业以外的现代化——中外公益事业史比较研究》，浙江人民出版社1999年版，第204—205页。

③ 袁江永：《试论社会组织统战工作的问题与对策——以山东省寿光市为例》，《山东省社会主义学院学报》，2017年第1期，第73—79页。

④ 胡艳蕾：《社会组织参与协商民主的路径思考》，《山东省社会主义学院学报》，2017年第4期，第44—52页。

咨询研究项目，向政府部门提供政策建议，扮演智库角色[①]；或者与政府部门一起，制订行业标准，执行行业管理政策。社会组织通过这些公共表达和参与行动，既可为其成员谋取政策空间和发展机会，间接服务成员发展，又可以为其成员争取政策倾斜和发展资源，直接维护成员权益，增进成员利益。在罗伯特·达尔看来，社会组织通过表达与参与机制来扮演民众与政府的中介角色，既实现了真正的公共参与，又推动了社会的自我整合[②]。

五、社会组织自我服务的主要内容

"为了实现组织自我管制的特定目标，社会组织一般都有比较健全的自我管理机构，如行业协会中一般会根据其行业特点设置行业技术规则制定部门、职业道德准则制定部门、监督与奖惩部门等。这些部门各司其职，使社会组织能够有序运转，实现其预定目标，履行其对成员的职责和义务。"[③]简言之，社会组织自我服务网络是一种结构，社会组织自我服务机制是一种工具，他们都要服务于特定的功能，满足特定的需求。也正是因为具体的服务，才能在根本上赋予社会组织存在的合理性。

概括而言，社会组织提供的自我服务大致包括如下内容。

第一，信息。信息作为"不确定性的消除"，是一种重要的促进性要素和能量。人们的生存、学习、选择和进步等都需要以信息为基础。尤其是在新时代，组织或个人为了在快速变化的环境中获得发展，在不确定性中获得确定性，都需获得及时、准确和全面的信息。可以说，信息也是生产力。社会组织作为信息中枢，能够利用自己的平台优势和群体优势，通过内部和外部交流为成员提供信息服务。具体形式包括：培训讲座、信息发

---

①《中国社会智库发展报告（2018）》，《中国社会组织》，2019年第2期，第57页。

② 罗伯特·达尔：《多头政体——参与和反对》，谭君久、刘惠荣，译，商务印书馆2003年版，第25页。

③ 胡仙芝、余茜、陈雷，等：《社会组织化发展与公共管理改革》，群言出版社2010年版，第50页。

布、联谊活动、联席会议、报刊编印、主题征文和学术沙龙等。安徽省高等学校书法协会的一个会员就曾对协会微信群的信息交互功能做出如下评价：

> 发一个书法帖子，供大家学习；发一个临帖习作，供大家学习、品评，相互学习，相互提升；发一个书法界的事件，供大家反思；发一个书法理论评述、书者随想等，供大家论辩。所以，不要忽视协会微信群的交流和学习功能。

第二，帮扶。一方面，社会组织自我服务网络在很多时候以资源众筹的方式发挥作用，可以为有需要的成员提供物质帮扶。社会组织作为互助网络，对临时有需要的成员给予各种物质帮助，每一个人都有责任为其他成员提供帮扶，这也意味着在自己有需要的时候也同样可以获得其他成员的帮扶。这就是互助网络的"保险"功效。当前的很多行业类社会团体、基层互助类社会团体也都有此类功效。具体形式有资金拆借、资源共享、直接帮扶和资源链接等。另一方面，社会组织代表组织成员与其他组织进行合作，获得成员所需要的各种资源。比如，芜湖市银行业协会倡导联合芜湖市保险行业协会、芜湖市小额信贷公司协会、芜湖市上市公司协会、芜湖市信用与担保协会、芜湖市拍卖行业协会、芜湖市典当行业协会、芜湖市租赁行业协会、芜湖市证券行业协会和芜湖市金融学会等建立"芜湖市金融类行业协会联席会议"制度，搭建全市的金融类行业交流合作平台，以此来推动会员单位之间的业务往来。再如，芜湖市家装行业协会、芜湖市家具商会、芜湖市银行业协会和芜湖市房地产行业协会等共同举办家装博览会，链接装修公司、家具、房地产和金融四大类会员单位的各自优势资源，实现优势互补、合作共赢。

第三，秩序。秩序的达成意味着可信任、可预期的环境的形成。社会组织自我服务网络具有自我管理、自我教育和自我监督的功能，能够维系、塑造良好的内部秩序，这也是一种非常有价值的服务。首先，社会组织具有专业性。或者专属于某一行业或某一专业领域,或者从事某一类专业服务工作,这非常便于其快速获得信息,展开秩序维持活动。"社会组织的专业性使其能够迅速发现和解决行业发展中存在的问题,能及时、有效地随经济环境变化调整行业服务的数量、质量以及标准。"①其次,社会组织具有管理性。利用群体关系和认同,协调成员关系,化解成员纠纷,实现内部和谐。最后,社会组织具有组织性。利用自己的组织网络,通过制订内部规程,规范制约成员行为。如芜湖市银行业协会就出台了一系列行规行约——《芜湖市银行业行业规范准则》《芜湖市银行业从业人员流动公约》《芜湖市银行业协会突发网络舆情应急处置预案》《芜湖市银行业协会声誉风险管理联席会议办公室工作准则》《芜湖市银行业行业内争议处理规则》《芜湖市银行业自律惩戒制度》和《芜湖市银行业职业道德规范》等。这些行规行约的制订与实施,势必能够推动银行业的有序运行,服务于每一个成员单位。

第四,政策。政策是事关任何一种社会主体存在与发展的强制性环境。一方面,社会组织具有中介性。利用自己的整体性组织能量,代表成员展开公共交往,为成员创造一种促进性、支持性的公共关系和政策环境②。如芜湖市银行业协会就曾组织召开全市"涉银行金融纠纷"银(行)法(院)座谈、银行与保安押运公司业务交流座谈会、"车辆抵押登记权下放"警银对接会等,牵头联合各会员银行和市中级人民法院执行局及各区县执行庭开展"构建诚信、惩戒失信"工作,倡导建立"芜湖市银行法院联合处置涉银纠纷金融债券机制",等等。这些举措不仅利于规范银行业的市场秩序和行业利益,更重要的是通过这种公共交往,扩展了银行业的政策空间,为银行业的发展塑造了具有支持价值的政策环境。另一方面,社会组织具有咨政性。利用自己的信息优势、专业优势和实践优势,参与政府有关政策的制订过程,表达政策诉求,或者直接向政府部门提供政策

① 胡仙芝、余茜、陈雷、等:《社会组织化发展与公共管理改革》,群言出版社2010年版,第51页。
② 孔祥利:《城市基层治理转型背景下的社会组织协商:主体困境与完善路径——以北京市为例》,《中国行政管理》,2018年第3期,第64—68页。

建议①。通过咨政，可以形成合理有利的政策环境，为所处行业或专业领域的良性发展奠定政策基础，提供政策保障。显然，政策的供给对于社会组织成员而言具有支持性。

第五，群属。人具有生物性，以个体的方式存在，但这不是人的本质。正如马克思所言："人不是抽象的蛰居于世界之外的存在物。人就是人的世界，就是国家，社会。"②在某种程度上可以说，从人的现实的社会关系出发才能真正地揭示人的本质。社会组织自我服务网络本身就是一种"产品"——为成员提供了一种群属关系。这种群属关系在表面上赋予了成员某种资格，但在本质上可以为成员提供归属，使其在互动、互信、互赖和互惠的关系中求得安全感，在需要的时候获得社会支持，也可以促成共同行动。著名社会学家皮埃尔·布迪厄曾用场域这一概念来描述这种群属关系，认为群属关系形成的社会网络和社会结构实际上搭建了一种互动空间。这种互动空间虽然与物理空间有天壤之别，但其仍然具有客观性，对参与其中的成员有着现实的影响。从结构功能主义来看，这种群属关系意味着一种社会结构的形成，作为社会结构其可以发挥重要的群属功能——在某种共同的目标指引下组成了一个相互协作、共同行动的网络框架，成员之间在特定的制度、心理等纽带维系下进行着持续的互动。社会组织作为结构性要素，其相比个体而言有如下社会功能：一是有助于提高行动的效率和效果。一个人的力量总是有限的，也可能因为力量不够、勇气不足而搁浅，社会组织却意味着多个人的组合、多种资源的整合，形成集体力量，使行动成为可能，也使行动更为有力。二是有助于提高行动的可持续性。一个人的行为可能随着时空状态的变化而迅速变化，而社会组织却因为拥有固定的结构、协作的意愿、共同行动的机制等而相对稳定，更具可持续性。三是有助于提高个体的社会适应力。社会组织作为结构性要素，为成员提供了互相学习、持续信赖和共同行动的平台，提高了个体之间互

①谈火生、苏鹏辉：《我国社会组织协商的现状、问题与对策》，《教学与研究》，2016年第5期，第25—33页。

②《马克思恩格斯选集》第一卷，人民出版社1995年版，第1页。

动的频率和深度，这有助于增强个体的社会适应能力。四是有助于消除个体的孤独感。作为结构性要素的社会组织使得单数的"我"可以以复数的"我们"的名义行动，这意味着社会组织为个体提供了一种可以依靠和信赖的心灵港湾。并且，通过社会组织内部的持续互动，也能够增强个体之间的互信和互赖[1]。总之，作为生命个体，每一个人都拥有复合型的群属关系，复合型的群属关系也为个体提供了多元化的社会支持网络[2]。这既是人的社会性的体现，也是社会整合的基本路径。受市场经济等种种原因的影响，人们存在"独自打保龄"的取向，这是社会资本衰减的表现，也会带来相应的公共问题[3]。从这个角度讲，社会组织自我服务网络作为社会整合要素，其所建构的群属关系本身就具有重要价值。

---

① 贾春增主编：《外国社会学史》修订本，中国人民大学出版社2000年版，第231页。

② 安东尼·吉登斯、菲利普·萨顿：《社会学》第七版，赵旭东，等译，北京大学出版社2015年版，第814页。

③ 罗伯特·帕特南：《独自打保龄：美国社区的衰落与复兴》，刘波、祝乃娟、张孜异，等译，北京大学出版社2011年版，第59—60页。

第三章 案例呈现:弋江区"创二代"联谊会的
自我服务实践

本章的主要目的是具体呈现弋江区"创二代"联谊会的自我服务实践活动。主要从四方面展开:一是弋江区"创二代"联谊会服务网络的生成及其影响要素;二是弋江区"创二代"联谊会主要开展的自我服务活动;三是弋江区"创二代"联谊会所发挥的自我服务功能;四是弋江区"创二代"联谊会在自我服务功能发挥方面存在的主要问题。在这一章中,笔者大量使用了面向弋江区"创二代"联谊会会员——"创二代"们的访谈记录。对此需要强调:对于引用的被访者的访谈记录,尽量保持原样。

一、弋江区"创二代"联谊会服务网络的生成

通过对弋江区"创二代"联谊会负责人的访谈及其相关档案资料的分析,笔者发现,在弋江区"创二代"联谊会及其自我服务网络的生成过程中,有三个关键要素发挥了积极作用。

(一)弋江区委统战部的指导

在回忆弋江区"创二代"联谊会的成立过程时,会长贾真直接说道①:

① 课题组:《芜湖市爱德运输机械有限公司贾真访谈记录》,访谈时间:2017年6月19日。

　　弋江区委统战部是我们联谊会的直接促动者。自2015年开始，中央统战部将"创二代""海外归来人员"和"新形态媒体工作人员"等作为统战工作的重点对象。经过这么多年的发展，在弋江区尤其是芜湖高新技术产业开发区这边有相当数量的‘"创二代"’开始接父辈们的班，他们在事实上成为了一种新的群体，既事关经济可持续发展，又事关统一战线工作的新发展。正是在这一背景下，弋江区委统战部组织开展了弋江区的第二代企业家及企业的摸底工作，在这一过程中，统战部部长找到我，并指导、力推弋江区"创二代"联谊会的组建成立。具体说来，在成立过程中，弋江区委统战部在会员推荐、章程制订、登记注册等方面都给了我们极大的帮助。

　　不难发现，弋江区"创二代"联谊会是在弋江区委统战部指导下成立的，其生成逻辑属于"政府支持下的自我整合"（详见本书第二章）。作为党的统一战线工作部门，弋江区委统战部担负做好非公经济统战工作、新的社会阶层人士统战工作等职责。改革开放以来，"创一代"因年龄等原因逐渐淡出企业的管理、生产和经营工作，"创二代"逐渐走向前台，成为父辈企业的骨干甚至是核心成员。因此，"创二代"（甚至以后的"创三代"和"创n代"）将成为横跨"非公经济"和"新的社会阶层人士"统战对象，且规模越来越大、重要性也越来越凸显。基于此，弋江区委统战部将针对"创二代"的统战工作提上议事日程，并将之视作新时代统一战线围绕中心、服务大局的新领域和重点领域。

　　以社会组织的方式开展"创二代"统战工作是弋江区委统战部的创新举措。对于"创二代"统战工作，原本可以将之纳入原有的"工商联"。据有关人员介绍，在最初调研"创二代"企业统战工作时，就是想通过既有的"工商联"这一平台来展开的。但是，弋江区统战部在经过调研后，认为凝聚新共识和新力量，需要新路径和新平台。弋江区委统战部在这一问题上，遵循的是"双重交叉"思维：随着全面深化改革的持续推进，社会组织发展日益迅速，活跃于经济、社会、文化、科技、生态和公共治理等各个领域，在社会组织工作的各类人士成为"新阶层人士"，是新时代统一战线工作所必须着力关注的对象，这是社会组织统战工作的第一重思维，属于对象层面的；同时，社会组织具有社会整合和自我服务功能，其能够为统一战线工作贡献力量，传统的工商联、归国华侨联合会等统战平台也都属于社会组织的范畴，因此，"创二代"也可以通过社会组织来予以整合，这是社会组织统战工作的第二重思维，属于手段层面的。概言之，社会组织日益成为新社会阶层人士的聚集体，同时各类社会团体日益成为私营企业和外资企业的管理技术人员、自由职业人员等的交互载体。通过社会组织这一载体，与新社会阶层人士进行有效沟通，对其展开政治引导，是加强统一战线工作的新思路[①]；推动社会组织协商，发挥社会组织的动员、整合、教育、参与、表达、服务和自治等功能，可以更好地发挥统战工作协调关系、汇聚人才、凝聚共识的优势[②]。"社会组织在社会资本的生产、传递、积累过程中起着非常重要的作用：弥合社会裂缝，整合多元社会价值，促进社会宽容，从而有利于构建亲密的、活跃的社会基础"[③]。在谈到这一问题时，弋江区委常委、统战部长陈胜江说得很明确[④]：

> 工作需要创新，创新才能发展，才能取得好的效果。弋江区"创二代"联谊会就是我们统一战线工作的一个尝试和创新。"创二代"有其自身的特点，是一个新的阶层，需要我们在工作中予以重视。同时，社会组织统战工作，中央统战部和各地都在探索和加强。但都将社会组织统战工作视作"对象"。我们则用另一个思维思考这个问题，将社会组织统战工作作为"方法"，用社会组织的方式创新和加强统战工作。

---

① 康晓强：《社会组织：我国协商民主建设的新生长点》，《理论视野》，2016年第5期，第43—47页。
② 韩军：《以统战工作促进社会组织协商研究》，《法制与社会》，2016年第7期，第150—152页。
③ 康晓强：《社会建构的逻辑：中国社会组织发展论纲》，中国政法大学出版社2017年版，第56页。
④ 课题组：《弋江区委统战部陈胜江访谈记录》，访谈时间：2017年12月12日。

具体而言,弋江区委统战部在推动弋江区"创二代"联谊会成立方面做了如下几方面工作:提出动议,并寻找、确定"创二代"中的佼佼者担任发起者,推荐会员;作为弋江区"创二代"联谊会的业务主管单位,使其满足注册登记的基本条件;指导发起者制订组织章程、设计组织内部治理结构、召开成立大会等;与社会组织的登记管理机关——弋江区民政局接洽,为其登记注册提供支持等。

这是一种"引导型社会组织发展模式",其特点是在保证社会组织独立自主和依法监管的基础上,地方党政机构通过特定的方式、途径、机制和策略将公共意图植入社会组织的运行当中,既防范社会组织对政治和社会秩序带来风险,又引导其朝向正确方向发展,支持其功能的充分发挥,保障其公共性的充分彰显[1]。

从另一个角度讲,弋江区委统战部的指导和支持,也为弋江区"创二代"联谊会带来了两大优势:

第一,使弋江区"创二代"联谊会具有了"体制背景",提高了其组织合法性,这为其发展和功能发挥奠定了重要基础。合法性的获得是组织成立、生存和发展的前提条件[2]。可以这么说,弋江区"创二代"联谊会具有社会整合和自我服务的正能量,这为其提供了"事业合法性"(也可以说是"功能合法性"),但仅仅具备"事业合法性"是不够的,还得拥有"政治合法性"[3]。弋江区委组织部的指导和介入,为弋江区"创二代"联谊会提供了体制支持,使其更容易得到社会认可。对于此,会员甘煜在接受访谈时指出[4]:

弋江区"创二代"联谊会是经由正式注册的法人组织,组织

---

① 冯梦成:《引导型社会组织发展模式研究》,上海人民出版社2017年版,第26页。

② 孙立平、晋军、何江穗,等:《动员与参与——第三部门募捐机制个案研究》,浙江人民出版社1999年版,第26页。

③ 王绽蕾、霍艳丽、安建增:《论我国NGO的合法性建构》,《云南行政学院学报》,2004年第6期,第50—53页。

④ 课题组:《芜湖市玉坤机械制造有限公司甘煜访谈记录》,访谈时间:2017年5月15日。

本身就很可靠，值得信赖。有健全的内部治理结构和运行机制，设置有一位会长和几位副会长、秘书长，他们负责联谊会内部的日常管理工作。会员大会作为组织的权力机构，讨论决定组织内部的重大事项。另外有一点很重要，弋江区"创二代"联谊会是由区委统战部和工商联指导成立的，接受区委统战部和工商联的监督，这种背景也使得联谊会的可信度更高，也保证了联谊会的运行质量。

会员倪勤松也谈到了这一点[①]：

> 弋江区"创二代"联谊会自成立以来，得到了弋江区委统战部和工商联的指导，运行是正常的，服务是有效的。更为重要的是，它不是临时组建也不是一次活动后即宣布解散，而是在弋江区民政局登记注册成立的具有法人资格的社会团体，国家也是认可的。

第二，提高了弋江区"创二代"联谊会的公共性。有学者指出，社会组织具有"非政府"的基因，是一种潜在的社会分裂性要素，正因为如此，政府在很多领域对其持有谨慎性看法[②]。罗伯特·A.达尔曾用"集团利己主义"来形容社会组织的潜在风险[③]。换言之，作为自治团体的社会组织，其可以在内部形成一致，可以共同行动，可以通过自我服务来建构组织的自我认同。但社会组织这种内部凝聚力的提升，在很大程度上又意味着全社会异质张力的提升。即小共同体内聚力的加强会同时强化与外部主体的分裂与冲突，"固定群体内稳定的内部道德往往同对外采取敌意及

---

① 课题组：《芜湖黄燕实业有限公司倪勤松访谈记录》，访谈时间：2017年5月15日。

② 张康之、张乾友：《公共生活的发生》，高等教育出版社2010年版，第122页。

③ 罗伯特·A.达尔：《多元主义民主的困境：自治与控制》，周军华，译，吉林人民出版社2010年版，第3页。

对群体外个体进行压迫相伴而生"①。尤其是当社会组织高扬内部本位主义的时候,与政府、与其他组织的合作意识就会消解,这无疑会致使社会组织的公共性走向式微。正因为如此,我国学者张静在《法团主义》一书中也强调:"几乎所有现代政治理论,都受到组织的'自治'和'受控'这对矛盾的困扰"②。这显然不是我们对社会组织的期待。理想中的社会组织应该以公共利益(包含公益和共益)为根本使命和价值依据③。弋江区"创二代"联谊会的成立、运行和发展都得到弋江区委统战部的指导和支持,也得到弋江区委统战部的监督。这无疑体现了两者的相互赋权、良性互动关系,体现了政社合作(或党社合作),与党对统一战线工作的要求相契合。从另一个角度讲,弋江区委统战部的指导为弋江区"创二代"联谊会嵌入了"合作"的基因,对其"非政府"基因形成阻滞,这为其正能量和公共性的释放奠定了基础。

(二)外部示范的促动

本书第二章指出,"外部示范下的自我组织"也是社会组织生成的基本逻辑之一。简言之,社会组织的组建及其自我服务行动的展开在很多时候源于外界示范。这虽然不是弋江区"创二代"联谊会成立的最主要因素,但其产生多少受到这一因素的影响。

弋江区委统战部长陈胜江在介绍弋江区"创二代"联谊会时,就曾提到这是他在浙江考察学习时发现的一种有意义的做法;工商联等社团在统战工作中的积极作用也使他们考虑成立"创二代"组织的重要动因④。会长贾真回忆道⑤:

　　据我所知,对于"创二代"的关注,最早是在浙江开始的,

---

① 米歇尔·鲍曼:《道德的市场》,肖君、黄承业,译,中国社会科学出版社2003年版,第601—602页。
② 张静:《法团主义》,东方出版社2015年版,第48页。
③ 康晓强:《社会建构的逻辑:中国社会组织发展论纲》,中国政法大学出版社2017年版,第207页。
④ 课题组:《弋江区委统战部陈胜江访谈记录》,访谈时间:2017年12月12日。
⑤ 课题组:《芜湖市爱德运输机械有限公司贾真访谈记录》,访谈时间:2017年6月19日。

因为浙江发展较早，民营企业发展也较快，很多民营企业第二代已经开始接班，代替父辈经营企业。因此，浙江好多地方都成立了"创二代"组织，比如宁波市"创二代"联谊会就于2014年成立，很多地区甚至乡镇都出现了类似的组织。我们经常在网上搜索其他"创二代"组织的工作情况，看看他们组织了哪些活动。下一步，我们也准备组织会员与其他"创二代"组织进行交流学习。

可见，在弋江区"创二代"联谊会成立的过程中，虽然弋江区委统战部及其骨干人物都没有亲赴其他的"创二代"组织考察学习，但是其他组织的成立和运行成为了他们"灵感"的源泉，是影响他们发起成立"创二代"组织的重要因素。

很多会员的访谈记录也显示，他们参与弋江区"创二代"联谊会的动因也受到了其他社会团体的影响——他们参加了多种多样的社会团体，在这些社会团体中获得了很多，因此，乐见"创二代"这一新组织形态的出现，也乐于加入这一新组织。会员杨海鑫在接受访谈时说了这么一番话[1]：

我参加了好几个社会团体，比如芜湖市质量技术协会、芜湖市击剑运动协会，最近我又申请加入了芜湖市青年企业家协会。弋江区"创二代"联谊会和这些组织相比较性质不完全一样，不是说弋江区"创二代"联谊会的层次更高，而是它有某种独特性，它将一些年轻的企业家整合起来，大家年龄相仿，都是"创二代"，在一起交流比较方便，沟通障碍较少，聊得比较深入。也可以说，不同的社会团体可以获得不同的平台，搭建不同的网络，发挥不同的作用。

---

[1] 课题组：《安徽法思特科学器材有限公司杨海鑫访谈记录》，访谈时间：2017年5月16日。

会员嵇存雄在接受访谈时也讲了相似的体会①：

> 无论是做生意求发展，还是寻找友谊沟通情感，我们都需要交际圈子，也离不了交际圈子。我参加了好几个社会团体，有的是以"户籍"为基础的，有的是以"行业"为基础的。但弋江区"创二代"联谊会有些特别，每个成员的经历、情况有相似之处，都是"创二代"……通过参加活动，最大的好处就是能认识很多朋友，能通过与自身经历相似的人的交流，相互学习，找到归属。

组织的成立、运行和发展都是在学习中进行的，这既是对外部环境的主动适应，也是组织创新的基本要求。在开放系统理论看来，组织绝不是固化不易的封闭系统，而是开放包容、动态变化的。如果一个组织以僵化的态度面对外部环境，或者在外部环境发生变化时不能通过自我更新适应环境，那么该组织将会被淘汰。只有应时而变，才能从外部示范中汲取发展经验、创新发展思路。因此，能够适时且持续地与环境保持一致和平衡，既体现了创新、开放和包容的发展态度，又展示了自我重塑和自我适应的发展能力，从而获得外部认可和合法性确认的发展效果②。从这个角度看，无论是发起者受环境影响而成立弋江区"创二代"联谊会，还是会员受外部影响而参与弋江区"创二代"联谊会，都体现了他们的开放学习态度和创新发展能力，这种态度和能力的保持，将会对其未来发展产生重要影响。

可以说，弋江区"创二代"联谊会的成立和功能发挥，一方面印证了弋江区委统战部"拓展新领域，凝聚新力量"的工作效果，另一方面体现了弋江区委统战部"拓展新领域，凝聚新力量"的工作思路。

---

① 课题组：《芜湖卓越线束系统有限公司嵇存雄访谈记录》，访谈时间：2017年5月16日。
② 于显洋：《组织社会学》第三版，中国人民大学出版社2016年版，第63页。

（三）关键人物的推动

弋江区"创二代"联谊会成立和发展，与两个关键人物关系密切。

第一个关键人物是弋江区统战部部长陈胜江。对于弋江区"创二代"联谊会而言，弋江区委统战部和弋江区工商联的指导作用，在很大程度上都是陈胜江所推动的。陈胜江所发挥的推动作用，固然与其本职工作和职责要求有关，但其个性特征的影响不容忽视。弋江区"创二代"联谊会会长贾真在接受访谈时就说道：

> （总得说来）是陈胜江部长提出成立"创二代"组织动议的，他跟我介绍了这个情况以后我觉得很有意义。过去我们没有这方面的视野和引导，所以没有这方面的意识。而陈胜江部长的思考和见识引导推动了我们迈开成立组织的第一步。

陈胜江是一个勤思考、肯创新的人，善于通过交流来学习和提升自己。无论从事何种具体工作，陈胜江都会抽出时间组织专家座谈会，或者他本人来到安徽师范大学座谈，或者邀请科研人员、基层工作者到其工作单位座谈。对于座谈会，有时限定主题，有时则"头脑风暴"。同时，他还经常要求业界和学界专家为所属工作人员进行培训，每次培训他都会亲自到场、虚心听讲、认真学习。陈胜江曾谈到他对这些座谈会的切身体会[①]：

> 每个人的大脑中都有一本书，都有自己的好点子，通过与不同人群的交谈，可以获得很多知识。只要你能抓住他人发言中的闪光点，就会有收获。另外，座谈会中的你一言我一语，包含着参会人员的互相启发。这种互相启发会使交谈更加深入，结论更加辩证综合。所以，我非常注重这种学习方式。
>
> ……

---

① 课题组：《弋江区委统战部陈胜江访谈记录》，访谈时间：2017年12月12日。

服务和创新都离不了学习。在学习方式上，要向书本学习、向实践学习、向同行学习、向专家学习。在学习内容上，要学习新理念与新思想、学习新技术与新方法、学习新做法与新实践，学习新探索与新模式。

陈胜江还非常善于利用"外脑"，经常通过购买服务的方式委托专业机构就本职工作展开研究。或者就已经开展了的工作进行提升总结，如"三阶六步，循环议事"基层协商民主模式、"两员进物业"工作等；或者就准备开展的创新工作进行探索性、前瞻性研究。这些研究无疑提升了工作决策的科学程度，也便于推动和实现工作创新。陈胜江也常常将这种委托研究视作自己的学习过程。这种善于学习的特质，使其能够及时发现工作中存在的问题、察觉同行工作中的创新之处，进而推动本职工作的创新。一方面，"创二代"群体是陈胜江在工作中感知到的"新阶层人士"，弋江区"创二代"联谊会的成立也是其在参观交流时敏锐察觉到的"新方法"。简言之，如果缺少学习和创新的思维，弋江区"创二代"联谊会要么不会出现，要么很久以后才会出现。另一方面，弋江区"创二代"联谊会是安徽省首家"创二代"组织，以市辖区为单位成立这一组织无疑也要面临"第一个吃螃蟹"的风险。并且，成立新组织并不是其作为统战部部长的必需工作，相反，成立新组织还需要他做很多其他工作，如会长的物色与选择、会员的推荐、组织成立后的监管等。在日常工作本来就很忙的情况下，成立一家新组织势必是一种工作负担。然而，这些都没有成为他放弃指导、推动弋江区"创二代"联谊会成立的理由，其勇于担责、敢于创新的工作态度，促使安徽省首家"创二代"组织在弋江区落地生根。

第二个关键人物是弋江区"创二代"联谊会的会长贾真。贾真现任芜湖市爱德运输机械有限公司（以下简称"爱德机械"）总经理。贾真会长1973年出生，1991年考入东北大学，算是老牌大学生，懂专业，有技术。大学毕业后曾在某大型国企工作，后离开"体制"进入父亲创办的企业，做起了"创二代"。在外人看来，贾真曾经有个相对清闲的工作，也有一个老板父亲，本可以靠"出身"吃饭，但却选择了改革企业、二次创业的新路。

　　刚进爱德机械，父亲将他放入车间，与普通工人们一样从制图、铆焊等最基础的东西学起。当时父亲说出来的许多术语他听不懂，在学校学的是金属压力专业，跟运输机械专业差了很远，有道是隔行如隔山。但隔行不隔理，贾真凭着一颗好使的脑子，经过一段时间打磨后，不仅熟悉了运输机械的产品与制造大体过程，还进一步琢磨技术上的走势，对爱德机械的技术与运转有了切身体验。与此同时，他开始阅读大量专业书籍，特别是市场营销与企业管理方面的书籍，他已经感到，企业要做大，必须走一条全新的路。他决心要做好父亲的助手，加快公司的发展步伐，加大公司的发展规模。

不难发现，贾真是一个敢闯敢干的人，是一个勤思好学的人，是一个思维创新、眼界超前的人。正因如此，在他的努力下，爱德机械取得了极大的发展。比如，通过了出入境检验检疫局的验收审查、ISO9001：2014质量管理体系认证、欧盟CE认证，爱德机械获批安徽省省级企业技术中心、安徽省高新技术企业、安徽省著名商标等。爱德机械注重人才培养与技术创新，聚集了一批输送机械行业的专业人才，现有（截至2017年6月）高级工程师5人，工程师11人，技师8人，技术力量雄厚，拥有很强的创新研发能力，开发研制了数十种新式提升机、螺旋机和链式输送机等高新技术产品，可为用户进行专门和非标设计制造。在研发新产品的过程中，始终坚持3E性——高效节能性（Efficent）、经济性（Economical）和环保性（Environmental）。这使得爱德机械具备了相当大的竞争优势，特别是在斗式提升、螺旋输送、板式给料、气力输送及长距离带式输送等方面，能够结合不同的物料属性和工作环境研制专用产品，在很多领域是可以完全替代国外设备的。其产品不仅销往全国各地，而且出口到东南亚和非洲及南美的一些国家和地区。爱德机械已经成为国内物料输送设备制造行业的佼佼者，也是芜湖高新技术产业开发区中的明星企业。

总之，个人特质及其企业的影响力，使得贾真在弋江区中拥有较强的影响力和号召力，加上弋江区政协委员、弋江区工商联执委等身份，使其成为"创二代"中的精英。其他"创二代"也愿意与他一道行动，组建正式的社会团体。在访谈中，约三分之一的会员提到，贾真会长的影响力较大，很多活动都是贾真会长策划组织的，会员们之所以参加弋江区"创二代"联谊会及其举办的活动，都是出于对贾真会长的信任。作为"创二代"的贾真，其特质和经历具有正能量，因此，芜湖市作家协会和弋江区委宣传部编著的《开拓者的脚印》专辟一章对他进行介绍[1]。也正是他本人的正能量，提高了弋江区"创二代"联谊会的吸引力，使其成为"创二代"们的精神家园。对此，会员胡之强说道[2]：

> 在贾真会长的带领下，弋江区"创二代"联谊会组织了一些会员交流互动工作，促进了会员之间的相互了解和相互学习；联谊会还牵头与一些友好单位和友好协会进行互动，扩大了会员的联系网络，拓展了会员的社会视野。虽然我本人对联谊会的内部制度关注不多、了解不多，但通过一年多的参与和了解，我觉得这个组织是一个很有热情、很积极健康的组织，会员虽然身处不同行业，但具有相同属性，都是一些不骄不躁的"创二代"。虽然父辈给我们打下了很好的基础，留下了很多宝贵的财富，但我们能够坚守下来并取得发展，使自己的企业更上一层楼，这与大家的拼搏和创新精神不无关系。弋江区"创二代"联谊会将这样一些人整合起来，形成一个正式组织，引导"创二代"们交流、合作、创新和发展，具有很强的正能量。或者说，"创二代"们个人

---

① 芜湖市作家协会、弋江区委宣传部编著：《开拓者的脚印》，安徽师范大学出版社2010年版，第205—209页。

② 课题组：《芜湖浩宏实业有限公司胡之强访谈记录》，访谈时间：2017年5月23日。

的正能量通过联谊会的汇聚而变得更大。这也是弋江区"创二代"联谊会的正能量。

成立弋江区"创二代"联谊会也与贾真会长本人的内在考量相契合。他在接受访谈时，谈了这样一番话①：

> 过去二十多年了，前十年可以没有目标，懵懵懂懂的。经过弋江区委统战部的引导，我们感到"创二代"是一个实实在在的群体。同时，浙江那边的"创二代"组织已经风风火火地开展了很多活动。也许"创二代"这个称谓并不完全合适，但我们也应该有一个团体，将我们这些人组织起来，互相交流，互相学习，团结发展。开拓视野，扩大交往，创新超越。大家所属的每个企业都做到了一定程度，要想进一步发展，就必须通过不同的平台和网络来促进。我们弋江区"创二代"联谊会就是这样的平台和网络，它的成立肯定会有促进作用。

不难发现，贾真会长从个体和群属共同体同时发展的角度出发，来认识成立"创二代"组织的价值和意义。对于每一个"创二代"而言，其所属企业都是他们个人赖以工作和生活的"事业共同体"，而弋江区"创二代"联谊会将他们这样一批具有共同特质的人组织起来，形成"群属共同体"，这两种共同体是有相互促进作用的。因事业而使每个人成为"创二代"；因群属共同体具有自我服务、互惠互赖的正外部性，可以推动事业的进步和发展。可以说，成立和加入弋江区"创二代"联谊会，每一个个体都可以获得其集体收益。贾真会长正是认识到了群属共同体的这种正外部性，才会主动行动、积极动员，在弋江区委统战部的指导和支持下启动弋江区"创二代"联谊会的建设议程。

---

① 课题组：《芜湖市爱德运输机械有限公司贾真访谈记录》，访谈时间：2017年6月19日。

二、弋江区"创二代"联谊会的自我服务活动

自成立以来，弋江区"创二代"联谊会主要开展了三大类自我服务活动。

（一）搭建自我服务网络

弋江区"创二代"联谊会不是临时聚会，而是在民政部门登记注册成立的社会团体，是一种正式的组织形态。因此，其首先在组织内部搭建了自我服务网络。比如，制定了组织《章程》，明确了组织的业务范围、发展愿景、权力机构和执行机构等；制定了组织的议事规则、活动准则、会费标准、财务制度、会员管理制度等，为组织运行、会员互动等提供了制度依据；按照《章程》和程序产生了会长、副会长和秘书长，聘请了顾问、名誉会长、常务理事和理事，形成了组织内部的治理架构。内部治理结构的建设是社会组织能力建设的基本维度①，自我服务网络的建设，为弋江区"创二代"联谊会自我服务活动的开展和组织的正常运转奠定了基础。

更为重要的是，这种自我服务网络具有质的改变。表现在以下四个方面。

第一，通过正式的组织形态，使"创二代"之间从个人关系转变到公共关系。也就是说，"创二代"之间不再是基于个人情感和商业合作的私领域的交互，而是正式的组织内部的交互，这是一种基于自我服务网络和内部治理结构的公共关系，规范性水平更高，可持续性程度更强，约束和服务力度更大。

第二，通过正式的组织形态，使"创二代"之间从随性互动到制度化互动。弋江区"创二代"联谊会构建了一种常设化的公共交往平台和社会

---

① 马庆钰、钟开斌、等：《能力建设与社会组织发展——对北京市科技类社会组织的实证研究》，中国科学技术出版社2013年版，第22页。

整合网络，"创二代"们通过既定的制度进行内部交流，以组织的方式与政府互动、与其他社会组织互动，这种制度化的互动更加规范有序。

第三，通过正式的组织形态，使"创二代"之间从点片交互到系统交互。"创二代"们不再是出于个人喜好以及商业合作进行交互，而是在弋江区"创二代"联谊会这一固化平台中持续地全面地交互，这种交互将会更有效果，整合力度更大，自我服务能力更强。

第四，通过正式的组织形态，也实现了统战工作的关系转变。弋江区"创二代"联谊会以"创二代"这一新群体为整合对象，通过其自我服务网络实现自我整合。这与党和国家通过法律机制、组织机制的整合路径不同，是一种新型的统战方式。如果每一个统战对象都能通过多种自我服务网络得以整合，以制度化的方式参与协商、参政议政，将会避免"政治肥大症"，也会减少个体化参与带来的失序风险。因此也可以说，弋江区"创二代"联谊会自我服务网络的搭建，增加了统战工作沟通渠道。

（二）开展内部交流

内部交流是弋江区"创二代"联谊会开展的最多的自我服务活动。具体包括三种形式：一是创建微信群，以微信群的方式实现常态化的线上交流。有会员表示，自己有一次需要租赁某种设备，在群里发布了这一消息，马上就有其他会员予以回应，解决了自己的这一燃眉之急。也有会员表示，自己对某一财税政策不了解，不知如何在企业内部进行操作，通过群内提问很快得到了解答。微信群的操作技术不难，应用门槛也不高，但的确是弋江区"创二代"联谊会"智慧化"交流的重要渠道。二是互相参观和联谊。定期不定期地组织大家到会员企业参观学习，交流生产、管理和营销经验，或者以某一会员企业为"东道主"，组织大家联谊、研讨。三是政策传达。会员中有多个党代表、人大代表和政协委员，在有关重要的会议结束后，弋江区"创二代"联谊会就会邀请"两代表一委员"传达会议精神，解读政策走向，使会员们更好地了解"大环境"。

（三）组织对外交流

组织对外交流指的是以弋江区"创二代"联谊会为平台，实现会员与其他主体的公共交往。具体表现在四个方面。

一是弋江区"创二代"联谊会出面联络芜湖市以外的优秀企业，组织会员参观交流。

二是与其他社会团体合作举办活动，扩大会员的交流领域，拓展会员的发展视野。比如，弋江区"创二代"联谊会曾与弋江区归国华侨联合会进行联谊，与优秀归国华侨交流发展经验。

三是参与党和政府组织的各种座谈会。弋江区"创二代"联谊会作为正式的组织，已被纳入党和政府协同的视野，因此，它会作为代表参加关于财税政策、科技政策、统一战线政策等方面的座谈会；弋江区民政局、组织部、统战部等组织开展的社会组织能力提升培训班、党建培训班也会邀请弋江区"创二代"联谊会派代表参加，接受培训、增长见识、提升能力。

四是随着社会组织协商渠道的健全完善，弋江区"创二代"联谊会作为载体越来越多地被邀请参加政府协商、政协协商、人民团体协商和基层协商，成为反映会员需求、沟通会员与党政部门关系的重要渠道。党的十八大以来，多层制度化的协商渠道建设日益得到重视，社会组织协商作为其中的一个层次发挥了重要的作用[1]。弋江区"创二代"联谊会也不例外，经常受邀参与各种协商会、座谈会和调研会。

三、弋江区"创二代"联谊会的自我服务功能

弋江区"创二代"联谊会虽然成立时间不久，但其自我服务功能已经

---

① 吴东民、游文佩：《社会治理与社会组织统战工作》，《中央社会主义学院学报》，2016年第2期，第37—41页。

初步显现，得到了会员的认可。通过分析访谈记录，可以发现其发挥了如下功能：搭建整合平台、政策信息服务、相互交流学习、共享互惠合作、公共交互桥梁和践行社会责任，等等。

（一）搭建整合平台

对于社会组织在协商民主、社会治理等方面的正功能，已经成为共识性命题。但是，社会组织功能的有效发挥，需要以其自身结构的建设、成熟和成形为基础[①]。从这个角度看，社会组织的成立本身就是有一定价值的，其作为社会结构、整合平台、交互网络和公共空间，为其他显在功能的发挥奠定了基础。对于这一点，弋江区"创二代"联谊会副会长张欣指出[②]：

> 弋江区"创二代"联谊会具有整合作用。一方面，它以"创二代"为整合对象，将处于不同行业、不同企业的人聚合了起来。打破了以前各企业之间分散经营的局面，加强了企业之间的联系与交往，促进了企业之间的交流沟通。另一方面，它以正式组织的方式运行，将具有相同属性的"创二代"组织起来，将"创二代"们的资源整合起来，在处理矛盾与解决困难时能够发挥互帮互助作用，也让大家觉得自己是肩负使命的"创二代"，激发了大家的身份认同。

大部分会员在接受采访时，都有相似的表述，对弋江区"创二代"联谊会的平台搭建功能给予了肯定。会员甘煜指出[③]：

> 弋江区"创二代"联谊会作为政府承认的正式组织，将"创

---

① 康晓强：《社会建构的逻辑：中国社会组织发展论纲》，中国政法大学出版社2017年版，第126页。
② 课题组：《安徽省勤慧科技有限公司张欣访谈记录》，访谈时间：2017年5月24日。
③ 课题组：《芜湖市玉坤机械制造有限公司甘煜访谈记录》，访谈时间：2017年5月15日。

二代"们连接了起来，也改变了"创二代"企业之间的散碎局面，促进了"创二代"及其企业之间的交流沟通与互动合作，加强了"创二代"及其企业与社会各界之间的联系，扩大了"创二代"及其企业的交往范围和社会影响力。

会员郭缘说道[①]：

> 弋江区"创二代"联谊会将全区的"创二代"及其所在企业聚集起来，将一群背景、环境差不多的"创二代"组织起来，形成了"创二代"之间的人际关系网络，搭建了"创二代"之间的交流沟通平台，以正式组织的方式联系与交往。这种交往具有持续性，不同于两个企业之间的某一次合作，也不同于两个人之间的某一次聚会，而是在弋江区"创二代"联谊会这个平台下以组织的方式持续交往，正式、持久、有效。

会员孙亮说道[②]：

> 弋江区"创二代"联谊会会员的年龄差异不大，基本上都在30—40岁左右，彼此之间便于沟通和交流。"创二代"们大多是子承父业，经历也很相似。这种相似的特点使得大家能够彼此认同。父辈当年创业以吃苦、打拼和坚持为主，但现在进入了信息时代、网络时代，除了坚持父辈的创业精神之外，我们还得注重企业管理、生产技术、营销手段等现代化技术，这就要求我们有更宽广的视野，与外界有更多的交流沟通，学习其他企业的长处。弋江区"创二代"联谊会就给我们创设了这样一个平台。

---

① 课题组：《芜湖市福缘电力技术有限公司郭缘访谈记录》，访谈时间：2017年6月9日。
② 课题组：《芜湖市山猫机械制造有限公司孙亮访谈记录》，访谈时间：2017年5月24日。

上述几个被访者的话表明，弋江区"创二代"联谊会构建了一种实实在在的交往空间，且因其制度化、组织化而具有了可持续性。作为社交网络和整合平台，弋江区"创二代"联谊会的成立本身就是有价值的。有学者这样描述[①]：

> 社交媒体或者说社交网络带来最大的影响是社会关系的革命，整个社会重新关系化和部落化，圈子和社会网络的主体性得以回归，如果说工业革命解构了这个社会结构，人们成为一种原子化生存，那么，社交媒体则实现了再部落化和再人际关系化，对整个社会真正有价值的不是信息，而是信息所附着的关系网络。

同时，也有很多被访者更加认可弋江区"创二代"联谊会的精神属性——通过这一社会组织，可以感受到自我整合和自我服务的实在性，进而形成群体归属、组织认同。换言之，弋江区"创二代"联谊会在成员相互交往的过程中，也构建了成员的身份属性，强化了成员的身份认同。弋江区"创二代"联谊会因此而成为"创二代"们的精神家园和心灵归属。这种效果，更符合党的统一战线的工作目标。比如，会员嵇存雄在访谈中指出[②]：

> 交交朋友呀，相互沟通沟通呀，这些都是交际圈子的功能。无论是做生意求发展，还是寻找友谊沟通情感，我们都需要交际圈子，也离不了交际圈子。我参加了好几个社会团体，有的是以"户籍"为基础的，有的是以"行业"为基础的。但弋江区"创二代"联谊会有些特别，每个成员的经历、情况有相似之处，都是"创二代"，可以说是以"身份"为基础的。这个身份标签让从事不同行业、生产不同产品、来自不同地方的人有了共同点。这个

---

① 郑满宁：《共振与极化：社交网络的动员机制》，人民日报出版社2015年版，第9—10页。

② 课题组：《芜湖卓越线束系统有限公司嵇存雄访谈记录》，访谈时间：2017年5月16日。

共同点让大家参加到弋江区"创二代"联谊会中来，通过这个平台交流沟通。通过参加各种活动，最大的好处就是能认识很多朋友，能通过与自身经历相似的人的交流，相互学习，找到归属。

会员胡之强说道[1]:

> 我们会员之间有过很多商业合作，也有一些会员找我接洽过合作事宜，这很好。但我对弋江区"创二代"联谊会的感觉是另一个样子的。因为我们"创二代"毕竟是"创二代"，弋江区也搭建了好多个像这样的资源平台，涉及面很广泛，但也不一定与每家企业、每个企业家都有关联。弋江区"创二代"联谊会将"创二代"们整合在一起，这是一个新平台。更为重要的是，其强调"创"，强调对第一代的创业精神的传承、弘扬与发展。因此，这里面包含着一种责任心、上进心。在这里，我们共同探讨的是一种精神，更多的是精神的交流。也就是说，得到实质性的合作的确很诱人，能够带来利益，但我觉得最重要的是精神层面的交流，我最看重的也是这个平台内在的精神层面的整合。

会员程巍也提到归属问题[2]:

> 弋江区"创二代"联谊会是"创二代"企业在一起互相沟通的平台。对我们来说，都是一代人，年龄差距不大，身份属性也相似，大家经常在一起开会、交流和学习。这本身就是一种整合，感觉到大家都是一样的，都属于"一个群体"，能够互相支持、互相鼓励，持续交往、持续合作。通过弋江区"创二代"联谊会，可以找到某种归属。

---

[1] 课题组:《芜湖浩宏实业有限公司胡之强访谈记录》,访谈时间:2017年5月23日。

[2] 课题组:《芜湖科华新型材料应用有限责任公司程巍访谈记录》,访谈时间:2017年5月16日。

会员孙仁豪则明确指出，弋江区"创二代"联谊会有助于实现工作和情感的双重交流[①]：

> （弋江区"创二代"联谊会）能让我们这些经历相似的"创二代"聚在一起，可以一起聊聊包括工作上或者生活上的事情，既扩宽了人脉，又可以交到同一个圈子的朋友，实现工作和情感的双重交流。

斐迪南·滕尼斯在其名著《共同体与社会》一书中指出，人类需要以群体的方式开展生活，群体是人类社会的基本结构，也是个体生活、生存与发展所依赖的条件。群体生活、共同行动是人类生存、发展所必需的，但是人类的群体生活和共同行动有着两种不同的最基本样式——"共同体"和"社会"。在"社会"中，人们是独立的、理性的，虽然人们之间也发生着这样那样的人际关联，但这种交往关系的发生是以理性算计、自主契约以及相关法律规定为基础的。在"共同体"中，人们也有理性算计，每个个体呈现为独立的存在，但人们是在一定的"氛围"当中共同存在和发展的，这种"氛围"把个人镶嵌在"我们"当中，即"我们"共同的历史、传统、信仰和习惯构成一种"氛围"，将不同的个人凝结成一种相互信任、信念一致的关联状态。这种关联状态是以共同归属感、相互信任感为基础的，"是持久的和真正的共同生活"，是"一种生机勃勃的有机体"，因此，斐迪南·腾尼斯特别地将其称为共同体，并将其明确与"社会"区别开来[②]。按照社群主义的解释，共同体影响乃至决定着成员的目标取向、行为模式、实践方式和价值偏好等，在很大程度上也会对成员的公民德性和公共品质产生重要影响。这本身就意味着，像弋江区"创二代"联谊会这样的共同体具有较强的整合和建构作用。

---

① 课题组：《芜湖市三联锻造有限公司孙仁豪访谈记录》，访谈时间：2017年6月6日。

② 斐迪南·滕尼斯：《共同体与社会——纯粹社会学的基本概念》，林荣远，译，商务印书馆1999年版，第54页。

更为重要的是，市场经济的发展，使得"社会"得到了发展，理性、契约等甚至对传统的共同体产生了颠覆性的冲击①。国际知名的组织社会学家斯科特和戴维斯在他们合著的《组织理论：理性、自然与开放系统的视角》一书中写道，我们现今所熟知的组织形式产生于17—18世纪间的欧洲和美国，当时正处在欧美政治和经济扩张时期和启蒙运动过程中。在此期间，不仅组织的数量和应用领域激增，而且发生了结构的转变，从先前的基于亲属纽带和个人关系的"公社"形式，转变为基于除了对目标和利益的共同追求外无其他联系的个人之间的契约安排的"合伙"形式②。因此，需要对这些理性组织进行现代性重塑，这是市场经济时代弥补理性和契约的缺憾，防止"公共人"的衰落，实现新的社会整合所必须的③。概言之，国家（政府）需要现代化，市场（企业）需要现代化，在国家和市场之外的领域也需要现代化，国家和市场之外的现代化就是社会组织的现代化，"各种社会组织的存在，是社会发展进步的重要条件"④。以"创二代"为对象，建立"群属共同体"——弋江区"创二代"联谊会，以新的内部治理机制促进其良善运营，这无疑是符合人类组织和社会发展规律的。

政治学将一种现象称为"横切分裂"，指的是"重叠的成员身份"有助于社会整合和社会秩序⑤。简言之，就是一个社会个体同时参加不同的社会团体，这会减少其态度的偏激程度，增加其包容性和公共性，因为他需要与不同群体的不同成员达成共识、合作共享。重叠交叉的成员身份因此而可以避免"集团利己主义"。从这个角度看，弋江区"创二代"联谊会以"创二代"为对象，旨在打造"创二代"的新群属组织。为"创二代"

---

① 戴维·赫尔德：《民主的模式》，燕继荣，等译，中央编译出版社1998年版，第50—70页。

② W. 理查德·斯科特、杰拉尔德·F. 戴维斯：《组织理论——理性、自然与开放系统的视角》，高俊山，译，中国人民大学出版社2011年版，第4页。

③ 理查德·桑内特：《公共人的衰落》，李继宏，译，上海译文出版社2008年版，第285页。

④ 康晓强：《社会建构的逻辑：中国社会组织发展论纲》，中国政法大学出版社2017年版，第56页。

⑤ 米切尔·罗斯金、罗伯特·科德、詹姆斯·梅代罗斯，等：《政治科学》第6版，林震、王锋、范贤睿，译，华夏出版社2000年版，第94页。

们增添了一种新的群属身份，除了其本身具有整合作用之外，也使"创二代"们的成员身份更加重叠和交叉①。

会员杨海鑫说道②：

> 我们一起出去参观固然挺好，但我印象最深的不是参观。相反，我觉得大家聚在一起讨论给我的印象更深，甚至觉得会员们在一起吃饭、联谊的交流更有意义，这个过程让我印象比较深刻，就像一家人拉家常一样。交流常常也没有特定的目的和主题，其他参会者不经意间的某一句话就会给我带来很多启发，对我以及我的企业发展带来灵感。我参加了好几个社会团体，比如芜湖市质量技术协会、芜湖市击剑运动协会，最近我又申请加入了芜湖市青年企业家协会。弋江区"创二代"联谊会和这些组织相比较性质不完全一样，不是说弋江区"创二代"联谊会的层次更高，而是它有某种独特性，它将一些年轻的企业家整合起来，大家年龄相仿，都是"创二代"，因此在一起交流比较方便，沟通障碍较少，聊得比较深入。也可以说，不同的社会团体可以获得不同的平台，搭建不同的网络，发挥不同的作用。

总而言之，弋江区"创二代"联谊会作为一种平台，具有系统涌现性。所谓涌现性，指的是一个系统的整体性质不是其组分性质的简单叠加；当一些要素组成系统，或者低层次上的系统跃升为高层次系统时，就会产生原来所没有的一些属性或要素③。

（二）政策信息服务

组织必须适应环境才能生存。一般而言，组织所面临的环境包括两大

---

① 于洋：《社会治理创新中的社会组织统战工作研究》，《上海市社会主义学院学报》，2016年第1期，第51—56页。

② 课题组：《安徽法思特科学器材有限公司杨海鑫访谈记录》，访谈时间：2017年5月16日。

③ 王京山：《自组织的网络传播》，中国轻工业出版社2011年版，第3页。

类:技术环境和制度环境。前者涉及组织外部资源的获得,后者则事关组织的合法性。对于制度环境而言,其中最关键的是法律环境、政策法规和行业标准等[1]。制度环境具有强制规范性,组织必须遵守。因此,能否及时获得全面、准确的政策信息,是组织适应制度环境的前提条件;及时掌握政策动向并采取应对行动,也是组织获得发展机会的重要前提;掌握地方性的政策、遵守地方性法规在很大程度上也是融入地方的基本要求。弋江区"创二代"联谊会通过内部交流和外部交流,为成员提供了政策信息服务。很多会员对此体会深刻。

会员陈萍萍在接受访谈时明确说道[2]:

在政策方针发布方面,弋江区"创二代"联谊会发挥了一定的作用。对于企业来说,了解政策动向有助于把握发展机会,也是促进企业遵纪守法的前提。一个企业只有遵守政策才是正道。由于我们平时更多关注企业生产和市场,没有时间和精力去关注政府政策。弋江区"创二代"联谊会建有微信群,在群中发布一些政策信息,如果跟我们的企业和行业有关系的,我就会深入了解。另外,有很多会员是各级党代表、人大代表或政协委员,他们在参会后也会为大家传达讲授相关信息,这对会员来说也是有很大帮助的。

会员倪勤松也指出[3]:

我非常看重弋江区"创二代"联谊会的政策信息发布功能。因为我是浙江人,在芜湖高新技术产业开发区工作,对这边的很多政策不是很熟悉,理解得也不是特别透彻,通过弋江区"创二

---

① 于显洋:《组织社会学》第三版,中国人民大学出版社2016年版,第60—63页。
② 课题组:《芜湖欣欣米业有限公司陈萍萍访谈记录》,访谈时间:2017年6月9日。
③ 课题组:《芜湖黄燕实业有限公司倪勤松访谈记录》,访谈时间:2017年5月15日。

代"联谊会的一些政策宣传，使我了解了很多专项政策。同时，通过联谊会内部的交流活动，以及通过联谊会微信群主动询问，我很方便地掌握了与企业发展有关的政策。在某种程度上可以说，弋江区"创二代"联谊会是我了解当地政策、融入当地社会的一个有效途径。

会员杨海鑫说道[①]：

我是弋江区"创二代"联谊会刚开始成立时就加入的会员，联谊会将弋江区相对年轻有活力的'"创二代"'聚在一起交流经验，比如生产、经营、用工、销售和研发等方面。另外，弋江区"创二代"联谊会也是我了解政府相关政策的窗口，比较有针对性的、比较利好的企业政策常常通过联谊会微信群来发布和宣传；会员们也会将一些企业政策、产业政策的执行、落实情况在群中分享。这些都是我们了解并理解政策的机会。

会员胡之强强调[②]：

弋江区"创二代"联谊会也是政府与企业的桥梁，我们经常通过联谊会参与政府有关部门组织的会议或者有政府部门参与的座谈会。在这些会议上，可以听到有关部门的政策解读、拟出台的针对企业发展的政策举措等。通过这些会议，也可以直接与有关部门就我们感兴趣的政策进行交流，如减税免税政策、个人社会保障政策、创新创业支持政策、质量技术监督政策、环境保护政策等。

---

① 课题组：《安徽法思特科学器材有限公司杨海鑫访谈记录》，访谈时间：2017年5月16日。
② 课题组：《芜湖浩宏实业有限公司胡之强访谈记录》，访谈时间：2017年5月23日。

会员孙亮说道①:

> 弋江区"创二代"联谊会经常举办一些聚会,在聚会上,会提供一些与我们息息相关的国家政策信息。比如,国家大环境方面的政策,一些针对我们私营企业、中小型企业的财税政策。国家的政策种类多,也会随时调整变化,很多新政策稍不留意就知道不了解,对我们的生产经营造成负面影响。并且,质量标准、用工等必须与国家规定一致。通过弋江区"创二代"联谊会,我们能及时掌握这些信息,比如减税免税这些优惠的政策,我们就可以比以前更快地了解到。对于政策的及时掌握,能够使我们更好地跟随大环境的步伐,随着大环境变化或政策调整来调整自己的经营策略和发展方向。更为重要的是,弋江区"创二代"联谊会贾真会长在每年的"两会"之后,都会组织召开正式的会议,学习"两会"精神。这无疑会帮助我们掌握最新最重要的国家政策和发展动向。

通过访谈结果,可以肯定弋江区"创二代"联谊会在政策发布、传递和沟通等方面发挥了积极作用。但也不能否认,受种种原有的影响,其在政策服务方面的经常性、系统性、专门性还有待加强。只有这样,才能将自己打造成政策信息枢纽,更好地为会员提供政策信息服务。

(三) 相互交流学习

诸葛亮在《诫子书》中说道:"非学无以广才,非志无以成学。"的确,学习是创新和进步的源泉。从主体的角度看,学习是学习者个人获得信息、掌握技能、取得进步的过程;从关系的角度看,学习是在与客体互动的过程中,建构、获得内部知识的过程。因此,交流是一种重要的学习手段。弋江区"创二代"联谊会在这一方面的成效显著,得到了诸多会员的

---

① 课题组:《芜湖市山猫机械制造有限公司孙亮访谈记录》,访谈时间:2017年5月24日。

肯定。

弋江区"创二代"联谊会副会长张欣在接受访谈时说得很明确①：

> 弋江区"创二代"联谊会在很大程度上就是一个"信息中枢"，会通过各种途径向会员提供一些有用的信息，比如政策信息、商业信息。会员能否获得可靠的信息，是其能否很好发展的前提。弋江区"创二代"联谊会通过提供信息和信息交流服务了会员企业的发展，获得了会员的认可。因此，搜集、整理、发布更加全面、更加专业的信息，是弋江区"创二代"联谊会的未来努力方向之一。
>
> ……
>
> 我还参加了其他一些社会团体，包括省级层面的。我觉得省级层面的社会团体虽然涵盖范围涉及全省，成员众多，交流面广。但每年只开一次会，活动少，成员之间的联系不紧密，而我们弋江区"创二代"联谊会的会员都属于一个园区，距离很近，来往密切，合作紧密，交流更为经常有效。

对于交流学习，会员秦鹏的体会是②：

> 当时我刚刚大学毕业，从事家人交给我的企业工作，想尽快地接触一些人，扩大自己的人际圈子，也想学习一下其他人的经验，所以加入了弋江区"创二代"联谊会。在我看来，弋江区"创二代"联谊会最主要的作用就是推动了企业与企业之间的经常性互动，企业之间的互相参观，可以使我学习其他企业的管理方式和模式。通过加入弋江区"创二代"联谊会以及其组织的各种活动，我可以得到三样东西：一是可以交流的朋友；二是其他企

---

① 课题组：《安徽省勤慧科技有限公司张欣访谈记录》，访谈时间：2017年5月24日。
② 课题组：《安徽省翔鹏物流有限公司秦鹏访谈记录》，访谈时间：2017年5月15日。

业管理者的思维方式；三是可以获得他人对我的认可，从而深入培养彼此的感情，促进双方的业务往来。

会员程巍指出[1]：

> 弋江区"创二代"联谊会搭建的交往和整合平台能够让大家一起交流学习。比如，管理经验的交流，产品的相互介绍。这种交流，不仅提高了彼此之间的认知，也为共享资源、促成合作创造了机会。

会员倪勤松在说到弋江区"创二代"联谊会的信息交流功能时，感触很深[2]：

> 因为我本人来自浙江，现在在弋江区办企业。说实话，我常常缺席弋江区"创二代"联谊会组织的活动，因为我要经常回浙江去。但是，弋江区"创二代"联谊会组织了很多让我印象比较深的活动，比如到优秀的企业去参观，组织会员学习"两会"精神，安排大家互相学习、交流经验。我个人比较喜欢"创二代"内部互相沟通的活动，此类活动参加得相对较多。古人云："三人行，必有我师焉，择其善者而从之，其不善者而改之"，每个企业都有自己的特点，也都有各自的优势，通过交流可以互相取长补短。也可以通过交流，增进对国家政策的理解。除了弋江区"创二代"联谊会组织的活动外，我们几个关系较好的朋友也会经常举行一些聚会，大家在一起聊聊，常常有很多收获。通过交流，相互之间会有很多启发，只要你有心，就会有很多发现，收获很多。保持一颗童心去旅游，就一定会感到快乐，保持一颗学习之

---

[1] 课题组：《芜湖科华新型材料应用有限责任公司程巍访谈记录》，访谈时间：2017年5月16日。

[2] 课题组：《芜湖黄燕实业有限公司倪勤松访谈记录》，访谈时间：2017年5月15日。

心去交流，就一定有收获。很多人觉得交流、参观和联谊没有什么意思，那是他"无学习之心"导致的，把心思全放到了吃吃喝喝、说说笑笑上了。

会员杨海鑫说道[①]：

> 弋江区"创二代"联谊会为我们这些会员提供了一个交流的平台，让我认识了更多的朋友，通过这些朋友也能学到很多东西，对我自身也是一个提高。

会员孙仁豪用"线上"和"线下"两种类型来概括弋江区"创二代"联谊会的信息交流功能[②]：

> 我们有一个微信群，这是我们日常交流的重要渠道，这算是"线上"交流。在"线下"，弋江区"创二代"联谊会还经常组织开展一些聚会，我们还通过联谊会参加由政府部门组织召开的一些正式性的会议。通过这些会议，我认识了芜湖高新技术产业开发区内更多的"创二代"。由于我们都是"创二代"，年龄差距不大，也大都从事民营企业，因此彼此之间可以像朋友般地聊天，聊彼此的企业和经历，以及对于目前大环境的看法，对于企业生产经营的想法。若要说弋江区"创二代"联谊会对我本人的有益影响，主要表现在其加强了我们芜湖高新技术产业开发区这些民营企业之间的联系和沟通；让我加入了"创二代"这个圈子，可以从一些优秀的"创二代"身上学到很多；在会员中，有各行各业的企业家，在与他们交流的过程中，可以了解到以前接触不到的领域，开阔了眼界，通过接触这些新事物和新领域，对我自己

---

① 课题组：《安徽法思特科学器材有限公司杨海鑫访谈记录》，访谈时间：2017年5月16日。
② 课题组：《芜湖市三联锻造有限公司孙仁豪访谈记录》，访谈时间：2017年6月6日。

的创业创新很有启发。

在某种程度上，内部交流的开展难度最小，技术门槛和行动成本都较低。但是不能否认这种"简单操作"所具有的价值，主要表现在三个方面：一是信息本身就是生产力。通过交流所获得的信息对于"创二代"们的方向引导、精神鼓励、技术开发、市场开拓和管理创新等都有益处。二是交流使进一步合作成为可能。通过交流，可以了解相互之间的需求、掌握各自的优势，这为潜在的商业合作提供了基础。可以说，不交流，无合作。在罗伯特·D.帕特南看来，交流是社会资本形成的条件，横向交流越紧密，交互方之间的合作就越容易达成[①]。三是交流是增进互信互赖的基础。通过交流，可以增进"创二代"们之间的相互了解，培养相互之间的情感，了解有助于促进他们的互信程度，情感有助于促进他们的互赖水平。互信和互联也为长期互动提供了条件，而长期互动又势必会增进互信互赖。正是互动，使得每一个"创二代"成为其他"创二代"的环境和外部支持要素，每个个体为了以后的相处也会放弃"欺诈"等机会主义行为。对此，有学者做出如下总结[②]：

> 普遍的互惠规范有效限制机会主义行为，将使那些经历重复互动的人之间的信任水平显著增加，而稠密的公民参与网络将增加公民的互动频率和合作概率，从而也将增加社会信任程度、深度。

（四）共享互惠合作

如果说信息服务是直接产品的话，那么可以说，共享互惠合作是"副产品"。这是弋江区"创二代"联谊会的组织属性使然——其可以通过内部

[①] 罗伯特·D.帕特南：《使民主运转起来：现代意大利的公民传统》，王列、赖海榕，译，江西人民出版社2001年版，第203页。

[②] 康晓强：《社会建构的逻辑：中国社会组织发展论纲》，中国政法大学出版社2017年版，第55页。

交流和外部交互来直接进行信息服务，但其作为社会组织，不能直接强制会员开展商业合作，也不能规定在会员遇到困难时大家必须予以帮助。相反，会员之间的合作、互助等只能发生在会员之间的互信和互惠规范建立之后。

第一，正式的组织、持续的交互本身就能够增加信任。有会员在接受访谈时就表示：弋江区"创二代"联谊会是受弋江区委统战部指导成立并经登记注册的社会组织，其可信程度有保证①。在这样的组织体系中，会员之间以公共交往的方式持续互动，经过多次互动的磨合，势必会增进相互的了解，进而提升互信水平。"信任在互动框架中产生，互动既受心理影响，也受社会系统影响，而且不可能排他地与任何单方面相联系"②。弋江区"创二代"联谊会就是这种塑造信任的社会行动系统。路遥知马力，日久见人心。在重复和持续交互过程中，会员们也会将一些机会主义者排除出合作网络之中，剩下的便是互信的同行者。"'正式规范'是促进'信任'的关键"③。互相信任是社会关系和商业交往的"润滑剂"，能够降低交易费用，实现更有效率地合作④。在选择合作伙伴时，会优先选择已经取得信任的"创二代"同行者，这无疑为自己降低了风险，给被信任者以发展机会，其间充满着互惠。

第二，持续交往能够带来合作机会。商业合作不会一见面即可达成，而是基于合作方的利益权衡之后才能发生。此间，有一个必须存在的前提，那就是：每一合作方都有需要，而且他们之间的需要是互相满足的。这就说明，需要才是合作机会出现的条件，是合作的直接动力。基于弋江区"创二代"联谊会的实时互动和交流，可以使会员之间更快地察觉对方

---

① 课题组：《芜湖市玉坤机械制造有限公司甘煜访谈记录》，访谈时间：2017年5月15日。

② 尼克拉斯·卢曼：《信任：一个社会复杂性的简化机制》，瞿铁鹏、李强，译，上海人民出版社2005年版，第7页。

③ 龚万达：《社会资本视角下社会组织协商能力建设研究——对十九大报告"统筹推进社会组织协商"的思考》，《江苏大学学报（社会科学版）》，2018年第20卷第6期，第74—80页。

④ 罗伯特·D.帕特南：《流动中的民主政体——当代社会中社会资本的演变》，李筠、王路瑶、张会芸，译，社会科学文献出版社2014年版，第6页。

的需要，而不是等需求方与他人达成合作时才获得信息。可以说，持续的交互网络有"近水楼台先得月"的意味。信任只是让合作成为可能，而需求及其所带来的机会让合作成为必要。犹如詹姆斯·S.科尔曼所指出的那样：社会资本和社会网络也具有生产性，能够带来实实在在的东西，尽管这些东西在很多时候是无形的①。

第三，持续的交互能够培育会员之间的情感，为"创二代"之间的相互帮扶提供了可能。人人都有怜悯之心和助人之心，但怜悯之心和助人之心更容易在熟人之间发生。弋江区"创二代"联谊会所搭建的群属共同体，使"创二代"们感知到大家是一类人，更容易激发同理心；同时，也可以塑造"创二代"们的群体归属和认同情感，这也使得资源共享、群内互助更容易发生。

对于弋江区"创二代"联谊会所提供的互惠合作服务，很多会员都深有感触。这里不妨列举几个有代表性的表述。

弋江区"创二代"联谊会副会长张欣指出②：

> 弋江区"创二代"联谊会经常举行联谊聚会活动，大家坐在一起交流沟通，如果有人最近存在一些困难，说出来让大家知道和了解，大家都会帮忙出出主意，提供力所能及的支持，也会通过共享资源帮助其渡过难关。加入弋江区"创二代"联谊会这一正式组织之后，会员之间的正式交流机会增多了，交流沟通也更为持久，这无疑增加了"创二代"及其企业之间的商业合作机会，有助于"创二代"及其企业之间互通有无、资源共享。交流和沟通在增进了解的同时，可以减少摩擦和矛盾，这也是大家可以达成合作的基础。

---

① 詹姆斯·S.科尔曼：《社会理论的基础》上，邓方，译，社会科学文献出版社1999年版，第356页。
② 课题组：《安徽省勤慧科技有限公司张欣访谈记录》，访谈时间：2017年5月24日。

会员胡之强说道①：

> 弋江区"创二代"联谊会是弋江区委统战部和弋江区工商联指导下成立的正式组织。在这个组织背后，不仅有党和政府的期待，有各个企业父辈遗留下的创业精神和平台，更有我们新一代的参与和努力。我们组织这个社会团体的目的主要就是给大家搭建一个交流平台，创造相互学习的机会，营造一种相互鼓励的氛围。但同时最重要的我认为还是搭建起一个组织化的可持续的资源共享平台。

会员孙亮说道②：

> "弋江区"创二代"联谊会是一个信息平台，促进了会员间的交流和沟通，大家可以通过联谊会的微信群、各类联谊活动、各类座谈会等互相交流各自所掌握的信息。这些信息交流背后潜藏着商业合作机会，可以探索我们拥有相同需求和商业合作的领域。由于会员分布于各行各业，有时一个企业需要的东西，可能正好是另一个企业在售的或闲置的，这样就很容易形成优势互补，达成商业合作。比如，企业有时需要租赁厂房，而做厂房租赁的联谊会会员手上正好有空闲的厂房，这两个人自然会"一拍即合"。需要指出，我们弋江区"创二代"联谊会不是以区域、行业等为联结纽带的，而是以"创二代"这一身份属性为纽带。这样，使我们各个会员分布在多种行业，经营着不同种类的企业，对我们的社会资源而言具有弥补性。

---

① 课题组：《芜湖浩宏实业有限公司胡之强访谈记录》，访谈时间：2017年5月23日。
② 课题组：《芜湖市山猫机械制造有限公司孙亮访谈记录》，访谈时间：2017年5月24日。

会员程巍说道[1]:

（弋江区"创二代"联谊会促成的）这种交流，不仅提高了彼此之间的认知，也为共享资源、促成合作创造了机会。比如，通过相互了解，能够知道我们的产品能否相互使用，能否共享资源，能否成为合作伙伴。在很大程度上可以说，弋江区"创二代"联谊会具有链接商业资源和延伸产业链的作用。这种交流也为我们互相信任提供了基础，使得商业合作更加稳固，合作风险也会大大降低。

会员郭缘说道[2]:

弋江区"创二代"联谊会将弋江区的"创二代"吸纳进同一个组织平台，通过相互交流熟悉彼此之间的企业及其经营范围，为以后的商业合作奠定了基础，也创造了机会。弋江区"创二代"联谊会经常举行联谊聚会活动，这些活动可以让大家坐在一起聊一下自己的企业和经营范围，便于大家有需要的时候在联谊会内部寻找帮助和合作。弋江区"创二代"联谊会也会与其他协会（如弋江区归国华侨联合会）联合举办活动，扩大会员的交流界面，建立更大的人际网络。这也意味着更大的商业合作机会。

会员秦鹏说得更为具体[3]:

做企业的，肯定会遇到困难，经常会遇到棘手的问题。在弋江区"创二代"联谊会中，我们都像"兄弟"一样。"兄弟"企业

---

[1] 课题组:《芜湖科华新型材料应用有限责任公司程巍访谈记录》,访谈时间:2017年5月16日。
[2] 课题组:《芜湖市福缘电力技术有限公司郭缘访谈记录》,访谈时间:2017年6月9日。
[3] 课题组:《安徽省翔鹏物流有限公司秦鹏访谈记录》,访谈时间:2017年5月15日。

有时遇到了什么问题，或者需要我们帮忙的，我们都会伸以援手。在经营业务方面，会员之间也会互相交流，互相合作。对于我个人来说，弋江区"创二代"联谊会最主要的作用就是为我的企业带来很多业务。因为我的企业——安徽省翔鹏物流有限公司主要从事道路货运经营业务，具体包括物流流程设计、物流信息咨询、货物装卸服务（货物打包和货物搬运）、废旧物资回收、仓储服务、国内国际货物运输代理、国际货物运输代理等。简单说，我的企业就是做货物运输服务的。除了涉及前置许可的物品、危险化学品之外，都属于我们的服务范围。通过弋江区"创二代"联谊会这个平台，我们与其他很多"创二代"建立了互信关系，培养了朋友情感，因此，他们将很多物流业务交给我们公司来做。

会员秦鹏的话在多个会员的访谈中得到了印证。比如，会员倪勤松说道："弋江区"创二代"联谊会会员之间的商业合作有很多。会员秦鹏有一个物流公司，我们公司的物流业务就是与他进行合作的。"[1]针对弋江区"创二代"联谊会会长贾真的访谈记录也显示："安徽省翔鹏物流有限公司的秦鹏在弋江区这边做物流，建了一个很大的物流园，我们会员内部的一些物流业务都交给他来做。弋江区"创二代"联谊会成立的目的之一就是搭建会员间业务发展、交流与合作的平台。"[2]

除了这一合作之外，弋江区"创二代"联谊会成员还合伙开办了一家餐饮企业——广顺华府酒店。根据访谈，该酒店选址和开办的动议源于一次聚会。在聚会中，有会员提到某新建商品小区位置很好，比较适合做餐饮，且目前有商业用房正在招租。恰好有一个会员做餐饮，且老店址合约即将到期，需要选择新址。于是，有几个会员当即决定合作投资，开办新酒店。需要指出，会员们之间的合作并非"开店"即止，而是将新酒店作为弋江区"创二代"联谊会的"定点活动场所"，只要合适，便将聚会地

---

[1] 课题组：《芜湖黄燕实业有限公司倪勤松访谈记录》，访谈时间：2017年5月15日。

[2] 课题组：《芜湖市爱德运输机械有限公司贾真访谈记录》，访谈时间：2017年6月19日。

点选在新酒店,在新酒店中进行消费。会员及其企业的一些招待活动,也往往选择在新酒店进行,"照顾"酒店生意,颇有"肥水不流外人田"的意味。当然,新酒店也会对"创二代"会员的就餐消费予以打折优惠,实现互惠。对此,会员杨海鑫说道[①]:

> 我们会员之间已经有了很多业务合作,比如合伙新开餐饮企业(广顺华府酒店)。这只是"之一",绝不是"唯一"。并且,我相信以后的商业合作还会有很多。只要弋江区"创二代"联谊会这一平台在、我们之间的交往在,就会有源源不断的商业合作。

会员甘煜的总结比较全面,他在访谈中对弋江区"创二代"联谊会内部的资源共享、互利合作进行了如下描述[②]:

> 弋江区"创二代"联谊会经常组织会员一起参加活动,形成了"创二代"之间的人际关系网络,促成了可持续的合作伙伴关系的建立,这为"创二代"企业之间的资源共享、互通有无奠定了基础。弋江区"创二代"联谊会为会员提供了交流平台,这为达成合作、寻找商机提供了条件。比如,设备租赁、仓储设施临时借用、资金短期拆借等。从这个意义上讲,弋江区"创二代"联谊会具有推进弋江区经济协作的功能,推动了"创二代"及其企业之间的商业合作、资源共享。依托弋江区"创二代"联谊会,会员之间增进了交流和沟通,促进了互相了解。久而久之,这种信息互动就会变成情感互动、精神互动,使大家互相信任。互相了解会推动互相信任。这种信任很多时候就是商业合作的"黏合剂"和"润滑剂"。说是"黏合剂",是因为信任和情感可以增加互相之间的合作动力,更愿意在这些朋友之间寻找合作伙伴;说

---

① 课题组:《安徽法思特科学器材有限公司杨海鑫访谈记录》,访谈时间:2017年5月16日。
② 课题组:《芜湖市玉坤机械制造有限公司甘煜访谈记录》,访谈时间:2017年5月15日。

是"润滑剂"，是因为信任和情感可以使合作双方的计较少一些，
怀疑少一些，更容易达成合作协议，合作也会因此而更为持久。

社会组织自我服务网络内部所形成的互惠与合作，在本质上是每一个
成员个体的社会支持性要素，可以化解成员所面临的问题，满足成员的需
求和期待，有助于化解社会矛盾，也有助于提升成员的满足感和获得感，
这与党的统一战线工作实质完全吻合①。我们可以这样认为，每一个社会
组织都具有一定的自治和自控能力，他们作为社会有机体的"细胞"，在
自己内部提供服务、达成均衡、实现秩序，这势必会对整个社会秩序产生
正向推力。

（五）公共交互桥梁

沟通是个体之间取得理解、达成共识的必要手段。同时，整个社会的
秩序、共识也需要以有效沟通为基础。因此，国家治理体系和治理能力现
代化要求激活多种元素的互动关联，建构起多层制度化的协商联动机制②。
社会组织就是需要被激活的要素之一，需要通过多种渠道来促进社会组织
参与公共交往，这是党的统一战线工作在新时代所面临的并且必须予以解
答的新课题③。弋江区委统战部积极探索"创二代"组织的建立和功能发
挥，不仅仅在于推动"创二代"们之间的自我服务，更高的目标在于探索
这种公共沟通渠道的建设，并通过这种公共沟通渠道的建设来促进党的统
一战线工作的发展和创新④。

弋江区"创二代"联谊会虽然成立时间不久，在公共交互桥梁角色的

---

① 庞超：《社会组织协商的成长逻辑、学理分析与完善路径》，《学习论坛》，2017年第33卷第3期，
第76—80页。

② 徐珣：《社会组织嵌入社区治理的协商联动机制研究——以杭州市上城区社区"金点子"行动为
契机的观察》，《公共管理学报》，2018年第15卷第1期，第96—107，158页。

③ 彭彦：《社会组织在协商民主体系构建中的重要价值》，《人民论坛》，2016年第35期，第54—55
页。

④ 课题组：《弋江区委统战部陈胜江访谈记录》，访谈时间：2017年12月12日。

扮演方面还存在诸多不足,也面临着很多瓶颈制约,但其无疑已经走出了积极的第一步,开展了多层面的外部交流工作,发挥了一定的公共交互功能。弋江区"创二代"联谊会会长贾真在接受访谈时就明确指出①:

> 作为会长,我对弋江区"创二代"联谊会的功能定位是,发挥三个关键的桥梁作用:企业与企业之间的桥梁,企业与政府之间的桥梁,企业与市场之间的桥梁。这三个桥梁作用都明确体现在组织的《章程》里了。可以参考《章程》的第二章"业务范围",里面列举了好多具体条款。但对于我个人而言,弋江区"创二代"联谊会其实也不存在什么具体的业务范围,其核心任务就是为大家建立一个交流的平台,建立公共交互关系,在推动大家的经验交流、相互学习和相互促进的同时,实现更广泛的社会联结。

弋江区"创二代"联谊会副会长张欣也指出②:

> 弋江区"创二代"联谊会作为政府与企业之间的桥梁,可向政府有序传递企业的共同要求,向政府寻求帮助,增加企业共同的话语权;同时,弋江区"创二代"联谊会不仅仅具有抱团取暖的作用,更重要的是,它增加了企业与政府之间的制度化、组织化联系,促进了企业与政府之间经常性地有序联系和交往。

除了上述两个社会组织负责人之外,还有很多会员提到了弋江区"创二代"联谊会的公共交互功能。比如,会员甘煜指出③:

---

① 课题组:《芜湖市爱德运输机械有限公司贾真访谈记录》,访谈时间:2017年6月19日。
② 课题组:《安徽省勤慧科技有限公司张欣访谈记录》,访谈时间:2017年5月24日。
③ 课题组:《芜湖市玉坤机械制造有限公司甘煜访谈记录》,访谈时间:2017年5月15日。

弋江区"创二代"联谊会平时大概一个半月到两个月开展一次活动，开展的活动主要是组织我们这些会员一起去考察、参观兄弟单位，与其他社团联谊互动。这些活动不仅增加了会员之间的交流和联系，还可以学习到其他优秀企业的先进技术与管理理念。

会员杨海鑫说道[1]：

弋江区"创二代"联谊会不仅经常组织我们到会员企业去参观学习、组织会员之间的内部聚会，而且安排我们开展外部交流，比如，去岳西霍山参观、去安徽师范大学博物馆参观、与弋江区归国华侨联合会联谊等。弋江区"创二代"联谊会也为我们这些会员提供了一个与政府部门沟通交流的平台。联谊会本身就是在弋江区委统战部指导下成立的，在成立之初就将弋江区好多党政部门的负责人加进了微信联系群当中，这可以使我们与相关部门及时沟通。对于不了解的政策，可以在群中询问并及时得到有关部门的解答；对于企业经营中面临的问题，也可以通过群内交流及时得到协调。

会员胡之强说道[2]：

要问我哪次活动对我的影响最深，我恐怕说不出来，弋江区"创二代"联谊会组织的很多活动名称我也都忘记了。但我可以说，弋江区"创二代"联谊会扩大了我们的交往领域。比如，有一次活动，弋江区的好几个政府部门都参加了，像弋江区委统战部、弋江区经济和信息化委员会（区企业服务中心）、弋江区市场

① 课题组：《安徽法思特科学器材有限公司杨海鑫访谈记录》，访谈时间：2017年5月16日。
② 课题组：《芜湖浩宏实业有限公司胡之强访谈记录》，访谈时间：2017年5月23日。

监督管理局等都参加了,这些部门就有关涉企政策、企业关注的热点问题进行了解释,对企业的生产经营有引导作用。还组织过一次与弋江区归国华侨联合会的交流活动,听了很多优秀企业家的经验,获得了很多有用的启示。

会员孙亮说道[1]:

> 像我们这样的民营企业,尤其是中小型民营企业,发展处于起步阶段,面临的挑战也特别多,我们抵御风险的能力相对较低。弋江区"创二代"联谊会的建立,可以让这些民营企业抱团取暖,增加单个企业抵御风险的能力。

对于社会组织的公共交往,有多种模式。诸如,多元主义、法团主义与自由主义[2],国家合作主义、准国家合作主义和社会合作主义[3]。每一种模式,都体现着具体的国家(政府)与社会(社会组织)的互动样态,涉及主导权力的归属、主体之间的合作(或排斥)程度、各主体自主空间的大小等问题,适用于不同的政治体制和国家情境。但就一般而言,需要以追求积极公益和公共愿景为目标展开互动,以制度化的方式互动,以合作而不是对抗的态度互动;需要每一个互动主体都以法律为依据,在合法的边界内行动,接受来自外部的合法监督[4]。自然,对于弋江区"创二代"联谊会而言,也要遵循这些一般原则,否则其公共性就会被削减[5]。

社会组织的公共交往有多种渠道和方式。诸如,与政府交往、与其他

---

[1] 课题组:《芜湖市山猫机械制造有限公司孙亮访谈记录》,访谈时间:2017年5月24日。

[2] 张长东:《社会组织与政策协商:多元主义与法团主义之辩》,《浙江学刊》,2017年第1期,第38—48页。

[3] 康晓光:《权力的转移——转型时期中国权力格局的变迁》,浙江人民出版社1999年版,第198页。

[4] 安建增:《政治哲学视野中的自治理论研究》,安徽师范大学出版社2015年版,第265—294页。

[5] 康晓强:《社会组织一定促进协商民主吗?——对国外文献的评述和批判性考察》,《马克思主义与现实》,2018年第1期,第150—156页。

社会组织交往、与市场（企业）交往、与媒体交往、与智库交往，等等。每一种交往又包含着多种方式：制度化的与非制度化的、常规性的（程序性的）与非常规性的（临时性的）、主动的与被动的、"线上"的与"线下"的，等等。具体而言，包括社会组织协商、政策倡导、座谈会、听证会和恳谈会等。每一种渠道和方式都具有不同的特点，适用于不同的情境和不同的社会组织。就一般而言，社会组织应根据公共利益和自身合理诉求积极参与公共交往；努力拓展多层次、制度化、常规性的公共交往渠道，确保公共交往的合法、有序和有效；确保公共交往的公共性，而不是片面狭窄地固守自己的本位利益。有学者总结得比较到位："社会团体可以也应该参与合法的、程序化的'圆桌政治'……但绝不应该参与属于犯罪活动的'夜晚政治'"①。

　　社会组织的公共交往也是需要条件的。社会组织公共交往的顺利展开，以及公共交往的质量保证，需要三种条件作为支持②：一是环境条件。支持性的环境条件最起码应包括如下要素，整个社会（尤其是政府）对社会组织的功能持积极看法，将其视为现代化建设的基本力量，赋予其合法性；以有力的建设措施激发社会组织的内在活力，发挥其服务国家、服务社会、服务群众、服务行业的作用；民众乐于加入各种社会组织，将之作为事业共同体、作为群属共同体，使之具有可资运行的资源。二是主体条件。社会组织的角色定位合理，能够在合法、有序的基础上发挥功能；社会组织具有较强的能力，包括资源动员能力、信息搜集与政策倡导能力、协商参与能力、专业服务能力、新型技术应用能力、渠道拓展能力、社会适应能力和内部治理能力等，这些都是其自我服务与社会服务的内在条件。三是路径条件。社会组织的公共交往需要多层次、制度化、常规性的渠道，否则其公共交往要么无法展开，要么交往的公共性、有效性和有序性无法保证。

---

　　① 康晓光：《权力的转移——转型时期中国权力格局的变迁》，浙江人民出版社1999年版，第203页。

　　② 孔祥利：《城市基层治理转型背景下的社会组织协商：主体困境与完善路径——以北京市为例》，《中国行政管理》，2018年第3期，第64—68页。

综上所述，弋江区"创二代"联谊会搭建了公共交往的平台，也发挥了一定的公共交往功能。但不能否认，其公共交往功能仍面临着一些瓶颈制约，主要表现在主体能力不足和交往渠道有待优化两方面。

（六）践行社会责任

践行社会责任，服务公共利益与社会公益，是社会组织公共性的基本表现。就目前我国社会组织的登记管理制度而言，要求每一个社会组织都有明确具体的业务范围。且很多社会组织认为自己的业务范围都属于非营利的范畴，因此，只要在自己的业务范围内开展活动、提供服务，就实现了践行社会责任的公共性。这是一种误解。对于社会组织而言，独善其身式地在自己的业务范围内开展活动并发挥功能，这无疑是一种践行社会责任的表现，但这是有缺失的公共性，是不完整地践行社会责任。社会组织还应该具有公共美德，犹如企业要扮演"企业公民"角色一样，社会组织也要扮演"社会组织公民"角色。尤其对于"互益"（或"共益"）的社会团体而言，更不应该囿于自身利益。同时，服务型政党和政府的建设也需要与社会组织建构合作伙伴关系，社会组织在实现自主治理和自我服务的同时，也应该积极地承担公共服务功能[①]。弋江区"创二代"联谊会在发挥自我服务功能之外，也积极参与社会治理践行社会责任。

第一，参与公共事务。通过各种公共渠道（如弋江区统战部组织召开的座谈会、调研会），反映意见，协调关系，提出政策建议；协助、参与党和政府有关部门调查研究非公有制经济人士的情况，助推党的统一战线工作；作为"创二代"组织，团结、服务、引导和教育"创二代"，开展思想政治工作；开展践行社会主义核心价值观教育，引导"创二代"爱国、敬业、创新、守法、诚信、贡献，做合格的中国特色社会主义事业建设者。

第二，参与精准扶贫。利用"创二代"的资源优势，响应国家精准扶贫战略和安徽省扶贫开发领导小组印发的《关于进一步引导动员社会组织

---

① 燕继荣：《服务型政府建设：政府再造七项战略》，中国人民大学出版社2009年版，第306页。

参与脱贫攻坚的通知》，参与"千企帮千村"活动。弋江区"创二代"联谊会副会长张欣在接受访谈时就指出[1]：

> 我们也非常注重社会公益工作，在弋江区工商联的安排下参与了"千企帮千村"活动，参与国家精准扶贫战略的实施。弋江区"创二代"联谊会在其中发挥的作用是动员、组织会员们积极参与，募集资源对贫困村开展帮扶活动。这对于美化我们的心境，释放我们的正能量大有帮助。

第三，参与减灾救灾。多个会员在接受采访时表示，2016年芜湖遭受水灾，在弋江区"创二代"联谊会的号召下，会员们对抗洪救灾工作提供了力所能及的人力、物力支持和帮助。会长贾真明确表示[2]：

> 我们这个组织非常重视社会公益事业，积极引导会员参与抗洪救灾等。（弋江区"创二代"联谊会）章程载明的业务范围之一就是引导会员弘扬中华民族传统美德，积极承担社会责任，热心公益事业，投身光彩事业。在下一步我们还会加大引导力度、设计多种途径，来推动会员们服务社会服务公益。

四、弋江区"创二代"联谊会自我服务的困境

非常值得肯定的是，弋江区"创二代"联谊会取得了积极成效。但同时不可否认，其也存在一些问题，在提供自我服务时面临着一些瓶颈。

---

[1] 课题组：《安徽省勤慧科技有限公司张欣访谈记录》，访谈时间：2017年5月24日。
[2] 课题组：《芜湖市爱德运输机械有限公司贾真访谈记录》，访谈时间：2017年6月19日。

（一）内部治理有效性问题

社会组织需要通过科学有效的内部治理来提升绩效[①]。对于企业而言，有着较强的逐利动机，也有产品生产率、市场占有率等非常明确的绩效考量标准。而社会组织缺乏利润驱动，以服务为导向，绩效衡量标准相对模糊，尤其是社会团体，由于会员都以其他工作为主业，在内心里并不将社会团体视作安身立命的事业载体。因此，社会组织往往会忽视内部治理的有效性问题，对组织管理的重视程度较低。弋江区"创二代"联谊会也存在这一方面的问题。

第一，缺少专职工作人员。虽然弋江区"创二代"联谊会的内部治理机构较为健全，但对于组织本身而言，没有专职工作人员，秘书长也是会长所属企业的工作人员。从这个角度讲，弋江区"创二代"联谊会的人力资源是严重匮乏的，这不符合现代社会组织的基本要求。会员杨海鑫说道[②]：

> 实话实说，我们会员企业都有很繁忙的业务。贾真会长也是一样，有自己的企业要经营，因此，在管理弋江区"创二代"联谊会方面就会心有余而力不足。如果能聘用专职工作人员，使其全职地一心一意地做这个事情（指处理弋江区"创二代"联谊会的内部事务），就肯定会做得很好，而目前，由于工作人员是兼职的，确实很难做到完美。

之所以出现全员兼职的现象，一方面，是因为弋江区"创二代"联谊会是社会团体，会员们虽然看重其组织属性，但更多以志愿、奉献的态度来对待，所以较少关注其内部的人力资源开发与管理[③]。另一方面，是因

---

① 徐本亮：《社会组织管理精要十五讲》，上海社会科学院出版社2018年版，第2页。
② 课题组：《安徽法思特科学器材有限公司杨海鑫访谈记录》，访谈时间：2017年5月16日。
③ 廖鸿、石国亮、蔡波毅，等：《社会组织人力资源开发与管理》，中央编译出版社2017年版，第7页。

为弋江区"创二代"联谊会成立不久，资源动员能力较弱，也无力聘用专职工作人员。因此，会长、副会长和秘书长等管理者，在很大程度上将组织活动、开展管理视作奉献，身体力行、事必躬亲，以自己的兼职付出来支撑组织的运行。这多少也淡化了他们聘用专职人员的想法。

但不能否认，弋江区"创二代"联谊会作为正式的组织形态，其会员可以是"流动"的，便导致了工作人员"兼职"的性质。然而，如果缺少专职的工作人员来处理日常事务，将会影响其可持续发展能力。当前，因为缺乏专职工作人员，弋江区"创二代"联谊会面临着活动重复性较高、专业性不足等问题。同时，缺少专职人员也是制约其服务质量、影响其凝聚力的关键因素。因为在很多时候，由于缺少专职人员的支撑，社会组织的资源动员、财物管理、会员管理、服务项目设计与服务递送等都无法有效展开，使得社会组织往往只能发现问题，而无力解决问题①。

第二，行为约束不够。作为联合性、民间性的社会组织，弋江区"创二代"联谊会缺少强制性的管理机制，呈现出一种松散联合状态，对成员的行为约束不够。会员杨海鑫在接受访谈时坦言②：

> 我们这个联谊会要求比较宽松。我觉得要求会员一定要定期参加活动，像这样松松散散的，想参加就参加，不想参加就不参加，就会失去入会的意义。会员们在每次参加活动的时候也要尽量发表自己的观点。这要做的目的就是促进大家交流，充分发挥弋江区"创二代"联谊会的平台作用。

会员汪国罕也指出，弋江区"创二代"联谊会的管理过于松散，组织本身对他的约束力不强，很多活动的开展是依靠会长的个人能力和魅力完成的，是靠"面子"来维系的，而不是组织的制度③：

---

① 杨海涛：《体制转型背景下的中国民间公共组织发展：公共物品的第三种供给主体研究》，北京大学出版社2016年版，第201页。

② 课题组：《安徽法思特科学器材有限公司杨海鑫访谈记录》，访谈时间：2017年5月16日。

③ 课题组：《芜湖市彦思科技有限公司汪国罕访谈记录》，访谈时间：2017年5月15日。

对于线下学习性的活动，我个人参加的也比较少，这是因为弋江区"创二代"联谊会内部的管理过于松散。很多活动，都是因为贾真会长的邀请我才参加的，出于尊重，实在不好推辞。

松散型管理虽然可以减小会员面临的组织压力，令会员们的交往更为放松。但是，管理的松散会带来如下几方面的问题：一是削弱社会组织的正式化和制度化程度，使组织运转不够规范；二是影响组织内部的凝聚力，减弱会员对社会组织的认同度和归属度，进而削弱组织的动员能力和整合能力；三是阻碍社会组织的有效运转，对其服务能力产生负面影响；四是削弱社会组织的权威性，使其调解内部矛盾、惩戒"机会主义行为"和"违规者"的能力降低。概言之，弋江区"创二代"联谊会作为社会团体，决定其服务能力和行动能力的关键是共同行动可能性，而松散型管理使这种可能性打了折扣①。

第三，群属关系圈层化对其凝聚力造成负面影响。组织的凝聚力在本质上表现为组织成员之间的相互吸引力，是促使成员留在组织内、热爱组织的重要因素②。作为组织成员的心理感受和体验，凝聚力受到多种因素的影响，最主要的有两种：一是组织成员之间的互动频率与互动程度，频次越多，互动越深入，就越容易形成相互支持和相互合作关系，提升组织凝聚力；二是组织成员对于组织之间的心理体验，如感到组织对自己的重视、组织对自己需求的满足、组织为自己带来荣耀、组织为自己带来归属感、组织领导人（或核心人物）在成员心中的影响力等，心理体验越强烈，组织的凝聚力将会越强。这两种要素都与组织成员的圈层化程度有关。如果一个组织中存在多个小圈子，存在多种层级（即组织内部的圈层化程度较高），那么组织成员之间的互动将会局限在小圈子中，整体上的互动将会削弱；成员与内部小圈子的心理体验很多，而对组织整体的心理

①谢京辉，等：《上海行业协会改革与发展：实践与经验》，上海社会科学院出版社2009年版，第19页。
②于显洋：《组织社会学》第三版，中国人民大学出版社2016年版，第166—167页。

体验较少，组织的凝聚力将会减少。对于弋江区"创二代"联谊会这样的社会团体，更需要较高的凝聚力来维系。然而，由于弋江区"创二代"联谊会以"创二代"为整合对象，不区分他们所属的行业类型，这种多行业交叉的现象虽然有助于扩大会员的交往界面，但行业交叉也增加了其圈层化程度，会对其凝聚力产生负面影响。很多会员对此都表达了担忧。

会员汪国罕指出[1]：

> 弋江区"创二代"联谊会的会员从事不同的行业，大家之间的跨度很大，虽然扩大了交际面，但很多时候面临着缺少共同话语，无法快速融入的困难。因此，大家在一起时，只能先从朋友做起，慢慢培养感情。我希望能细分一下行业，以便于让不同的行业之间可以有各自的技术、理念的交流。我更喜欢参加同行业的活动，这样才能使活动更有针对性。大家都很忙，需要高效的学习和交流，而不是随便地学习和交流。我倾向于更直接、更高效的活动。每个行业都有特殊性，如果会员所跨行业太庞杂，就很难组织有针对性的活动了。

会员陈萍萍指出[2]：

> （对于弋江区"创二代"联谊会的平台功能，）怎么说呢，我觉得，大家的沟通意愿是有的，但可沟通的内容少了点。因为，弋江区"创二代"联谊会的会员比较多，各行各业的都有，大家从事的业务差别太大，所以在很多时候感觉聊不到一起。对其他行业不熟悉，导致大家只能表面上了解，无法深入沟通交流。

可以说，会员之间的圈层化现象，可能成为会员之间交往的障碍，同

---

[1] 课题组：《芜湖市彦思科技有限公司汪国罕访谈记录》，访谈时间：2017年5月15日。

[2] 课题组：《芜湖欣欣米业有限公司陈萍萍访谈记录》，访谈时间：2017年6月9日。

时也会加剧成员之间的目标差异性,降低成员之间的相互依赖程度,会对社会组织的凝聚力造成不良影响[①]。同时,圈层化也会导致会员之间的异质性增强,利益诉求、价值偏好也会随之加大,会增加社会组织整合管理的难度。对于弋江区"创二代"联谊会而言,一方面要正视组织内部的这种圈层化问题,另一方面要采取有效的内部管理来削弱圈层化带来的负面影响。

(二)组织规模扩展性问题

通过对会员的访谈,笔者发现了一个相互矛盾的看法,那就是关于弋江区"创二代"联谊会的规模问题。一部分被访者认为,应该扩大规模。因为规模扩大能够提升组织的影响力,也有助于拓展会员的交互范围,获得更多的有益信息。比如,会员胡之强说道[②]:

> (弋江区"创二代"联谊会的)缺点是框架太小,导致所能整合的资源太少、信息面太狭窄。

会员郭缘指出[③]:

> 我建议扩大弋江区"创二代"联谊会的规模,多吸纳一些会员,然后举办更大范围的交流会,扩大会员的交际圈。

会员秦鹏强调[④]:

> 我希望弋江区"创二代"联谊会所涉及的领域能够越来越多。

[①] 于显洋:《组织社会学》第三版,中国人民大学出版社2016年版,第168—169页。
[②] 课题组:《芜湖浩宏实业有限公司胡之强访谈记录》,访谈时间:2017年5月23日。
[③] 课题组:《芜湖市福缘电力技术有限公司郭缘访谈记录》,访谈时间:2017年6月9日。
[④] 课题组:《安徽省翔鹏物流有限公司秦鹏访谈记录》,访谈时间:2017年5月15日。

会员孙亮说道[1]：

> 希望弋江区"创二代"联谊会能扩大规模，吸纳更多的会员，能让更多的第二代民营企业的接班人进来，不管是大型的还是中型的，或者是小型的民营企业，总之是多多益善。因为弋江区"创二代"联谊会本身不是一个政治类的或者是官方的组织，它就是一个民间组织，规模越大，会员数量越多，交流信息量肯定就越大。这样，会员之间的信息沟通和资源共享效果就会更好。当然，在扩大弋江区"创二代"联谊会规模的同时，也要保证新入会会员的质量，不能让联谊会丧失权威性。

而另一部分被访者则希望弋江区"创二代"联谊会"瘦身"，这主要是因为组织规模的扩大势必会加剧组织圈层化程度，使成员互动频率、互动深度面临问题。其实，存在这种争议非常正常，因为组织规模本来就是一把"双刃剑"[2]：

> 组织规模是决定集体行动有效性的关键因素。组织规模具有两方面的影响：①组织规模越大，则集体组织能够产生的社会经济影响力越强，就具有更强能力去进行大量的政治游说和劝导消费者活动，进而获取更多的市场利益和非市场利益。②组织规模越小，则集体组织的内部成员越容易形成一致性意见，通过统一行动来显示组织的行动迅速性和行动有效性。

对于党的统一战线工作而言，弋江区"创二代"联谊会的整合能力与其规模密切相关。规模越大，意味着整合面越广，这与统战目标完全契

---

① 课题组：《芜湖市山猫机械制造有限公司孙亮访谈记录》，访谈时间：2017年5月24日。

② 杨海涛：《体制转型背景下的中国民间公共组织发展：公共物品的第三种供给主体研究》，北京大学出版社2016年版，第213页。

合。然而，随着规模的扩大，整合能力和整合效率就会降低，这又不符合统战目标的要求。因此，既不能为了集体行动的效率和组织管理的便捷性，就缩减组织的规模；又不能盲目追求规模而不顾整合效果，因为没有整合效果的规模是毫无意义的。所以，弋江区"创二代"联谊会要将组织规模问题作为一个重要议题来关注，以整合效果为依据，在整合范围（组织规模）和整合效果（集体行动有效性）之间求得均衡。

（三）活动开展重复性问题

在经济学中，有一个类似公理性的规律——边际效应递减。指的是随着消费者对某种商品消费量的连续增加，其从新增的每一消费单位中所得到的效用增量是递减的。这与人的心理认知和需求满足程度有关，因此，各种服务也遵循边际效应递减规律。

通过调研，笔者发现弋江区"创二代"联谊会所开展的交流活动具有重复性，主要是参观、联谊和聚会。在一开始，大家觉得比较新鲜，也的确能够获得一些满足，因此参与的积极性比较高。但是，在一段时间里一直重复这样的活动，会员们得到的效用增量就会减少，参与积极性就会受挫。比如，会员甘煜指出[1]：

> 弋江区"创二代"联谊会平时的活动主要是考察参观其他优秀企业，活动形式少，仅是参观的话，难以学到更深层次的东西，次数多了效果就会下降，大家的参与积极性就会受到影响。

会员郭缘说道[2]：

> 我们需要多开展一些比聚会更有意义的交流活动。若老是聚会，大家就会感觉到意义不大了，学到的东西也比较少。

[1] 课题组：《芜湖市玉坤机械制造有限公司甘煜访谈记录》，访谈时间：2017年5月15日。
[2] 课题组：《芜湖市福缘电力技术有限公司郭缘访谈记录》，访谈时间：2017年6月9日。

会员倪勤松强调[1]：

> （弋江区"创二代"联谊会组织开展的）内部活动数量较多但类型较少，这多少是一个局限。我认为还是要走出去跟其他企业进行交流学习，因为弋江区"创二代"联谊会的目的就是希望提高"创二代"的素质，促进"创二代"企业发展。我觉得可以组织安排大家去先进的省份和城市交流、学习。我在浙江的时候，像类似于弋江区"创二代"联谊会这样的协会常到国外先进的地方交流学习，其实我们也可以这样去做，企业自己也可以出一份钱支持这样的活动。弋江区"创二代"联谊会作为一个与党政部门有联系的平台，组织能力要强于企业，对外联络方面也强于企业。因此，应该发挥这个优势，开展更有吸引力的学习交流活动。

会员嵇存雄指出[2]：

> 我希望弋江区"创二代"联谊会能更多地组织一些"大活动"，比如去欧美国家学习考察这样的活动。我们大家的经历都差不多，都需要出去走走看看，从中感受不同的文化，了解未来发展趋势。这些"大活动"，可以让大家在相对长的一段时间内进行交流，比如连续几天的考察、旅游、培训等，同吃同住同行，也能够帮助大家从认识到了解再到共鸣，加深彼此的感情。目前，虽然也开展了一些交流活动，但由于活动持续时间短，使得大家的彼此了解限于表面，很浅，不是那么深入。所以，以后再组织活动，要注意改变这一现状。

不难发现，会员们对弋江区"创二代"联谊会抱有较高期待，希望其

---

[1] 课题组：《芜湖黄燕实业有限公司倪勤松访谈记录》，访谈时间：2017年5月15日。

[2] 课题组：《芜湖卓越线束系统有限公司嵇存雄访谈记录》，访谈时间：2017年5月16日。

开展类型更多、质量更高的服务活动，避免低层次的重复。这一方面要求管理者们转变思维开拓视野，或者学习别的社会组织的好做法，或者通过"头脑风暴"激发集体智慧，设计更有层次的交流活动；另一方面，要求管理者们加强资源募集和整合（包括财务资源、专职人才资源等），使其具备提升服务层次和服务水平的能力。

（四）服务活动专业性问题

弋江区"创二代"联谊会自我服务层次和水平的提升，除了多样化、多层化之外，还有一个维度，那就是专业化。目前其开展的活动基本上属于交流联谊层次的，专业性不够。有会员表示，他们在经营企业时，需要准确、全面、前瞻的行业统计信息、经济发展数据等，也需要精准、系统、权威的政策信息等。比如，会员郭缘说道[1]：

> 我建议将会员企业的信息分类整理，动态更新，便于会员各自寻求自身需要的信息。

会员杨海鑫说道[2]：

> 对于弋江区"创二代"联谊会的服务，给我感觉是这样的——并不是太充分，这可能是因为刚刚成立，还在实验探索阶段。我觉得应该加大政策宣传，定期搜集、编印一些与企业相关的政策，比如优惠政策、用工政策等。

会员甘煜指出[3]：

---

[1] 课题组：《芜湖市福缘电力技术有限公司郭缘访谈记录》，访谈时间：2017年6月9日。
[2] 课题组：《安徽法思特科学器材有限公司杨海鑫访谈记录》，访谈时间：2017年5月16日。
[3] 课题组：《芜湖市玉坤机械制造有限公司甘煜访谈记录》，访谈时间：2017年5月15日。

希望弋江区"创二代"联谊会以后能注重理论的学习，可以多请一些高校的专家教授来为会员们开讲座，可以策划一系列的讲座。比如，讲授一下先进的企业管理理念、管理模式及国内外产业的发展状况及发展趋势等。如果单个企业邀请，成本较高，可以弋江区"创二代"联谊会的名义去请，提高资源利用的有效性。

很多成熟的社会组织开展了专业的信息服务，使服务显得更有质量。比如，出版或印制与会员有关的书籍、资料，推介会员企业，发布信息；开展经济发展、企业经营、人才资源管理等方面的调查、统计，并分析、发布相关数据，供会员参考；组织由学界专家、业界专家和会员参与的专题研讨，比如经济发展走势、消费心理现状与趋势、创新与创业政策、创新思维和模式、质量管理与认证等；聘请专家，组织专门力量，为会员提供技术、经济、管理、法律、政策等咨询服务；组织专家，就某一专题进行培训或继续教育；等等。由于弋江区"创二代"联谊会缺少专职人员，且成立不久，服务活动的专业性有所缺欠，需要向成熟的社会组织学习，提供更为专业的服务。其实，会长贾真就有这样的设想：通过各部门的通力合作，加强会员间交流，开展业务、技术、思维上的教育和培训[1]。只是，提供专业服务，需要专业人才、充足资金等的支持，弋江区"创二代"联谊会目前尚不具备这样的条件。满足这一条件，核心要义在于加强组织建设，提升组织能力。

（五）思想引导边缘性问题

弋江区"创二代"联谊会的《章程》中有关于思想引导的表述，党的统一战线工作也期待其发挥思想引导功能。比如，中共中央2015年印发的《中国共产党统一战线工作条例（试行）》就明确指出："引导非公有制经

---

[1] 课题组：《芜湖市爱德运输机械有限公司贾真访谈记录》，访谈时间：2017年6月19日。

济人士爱国、敬业、创新、守法、诚信、贡献,做合格的中国特色社会主义事业建设者"。

党中央的这一要求无疑应该成为弋江区"创二代"联谊会的工作指南。但客观而言,其在这方面的功能还有待加强,有会员指出:"各社会团体都有它存在的意义……弋江区"创二代"联谊会应该给予会员更多的思想引导"①。加强思想和信念方面的工作,既需要设计会员喜闻乐见的形式,提升理想信念教育的接受水平,又需要加强与党和政府部门的沟通合作,以整合更权威、更充足的资源。

(六) 与政府互动的经常性问题

社会团体常常扮演政府与企业的沟通桥梁角色,人们之所以参与社会团体,很大程度上也是因为想通过社会团体与政府互动,展开公共交往。社会组织的桥梁功能也是服务型政党和服务型政府所需要的②。弋江区"创二代"联谊会在这一方面发挥了积极功能,但这一功能有待进一步加强——会员们希望它能够更加经常性、制度化地与政府互动,扮演诉求表达、信息传递、政策沟通、决策协商等角色。会员杨海鑫说道③:

> 我希望加强与政府部门之间的联系。比如,通过多种形式定期给我们发布一些政策;丰富政府职能部门与民营企业的交流形式。不要等我们发现问题了、出现问题了再去找政府,请政府出面解决。

会员程巍指出④:

---

① 课题组:《芜湖浩宏实业有限公司倪勤松访谈记录》,访谈时间:2017年5月15日。

② 何水:《社会组织参与服务型政府建设:作用、条件与路径》,中国社会科学出版社2015年版,第87—88页。

③ 课题组:《安徽法思特科学器材有限公司杨海鑫访谈记录》,访谈时间:2017年5月16日。

④ 课题组:《芜湖科华新型材料应用有限责任公司程巍访谈记录》,访谈时间:2017年5月16日。

弋江区"创二代"联谊会应该发挥和政府的桥梁作用。我很多年前就参加了弋江区工商联。弋江区工商联大部分成员是民营企业和政府各部门的一些中层干部，不仅可以很好地促进企业与企业之间的交流，而且能很方便地促进企业和政府之间的沟通。企业遇到问题时，会去找弋江区工商联寻求帮助。由于弋江区工商联与党政部门的关系比较密切，它也能比较好地帮助企业解决问题……企业需要和政府打交道，弋江区"创二代"联谊会如果能在这一方面发挥更大的作用，是最好不过的了。

会员陈萍萍指出[1]：

我们弋江区"创二代"联谊会可以向工商联学习。目前，（弋江区"创二代"联谊会）更多注重会员之间的交流沟通，但在反映诉求方面，工商联要更好一点。（弋江区"创二代"联谊会）在以后应该加强（与政府部门互动）这一方面的工作。

会员孙仁豪指出[2]：

希望弋江区"创二代"联谊会可以更多地把我们这些民营企业的想法和诉求反馈给相关政府部门和相关领导。希望通过联谊会这个平台，与政府部门多交流沟通。

从会员的角度看，希望弋江区"创二代"联谊会发挥桥梁功能；从党和政府的角度看，也希望其发挥沟通、宣传等作用。换言之，弋江区"创二代"联谊会在党政部门与企业之间起的是双向沟通、上下协调的作用。其一方面可以汇集会员的利益诉求、生产经营实践、发展现状等信息，然

---

[1] 课题组：《芜湖欣欣米业有限公司陈萍萍访谈记录》，访谈时间：2017年6月9日。

[2] 课题组：《芜湖市三联锻造有限公司孙仁豪访谈记录》，访谈时间：2017年6月6日。

后通过制度化渠道向党和政府传递，有利于党和政府及时回应、科学决策；另一方面，可以及时准确地向会员传递党和政府的声音，推动会员了解并理解党和政府的方针政策。[①]有学者将政社沟通分为三大类[②]：一是体制内制度化表达方式，包括党代会、人民代表大会、政治协商会议以及各类民主协商会、恳谈会、座谈会、听证会等；二是体制边缘的制度化表达方式，包括社会组织、新闻媒体等；三是体制外的非制度化表达方式，包括游行示威、越级上访等。显然，第一种方式虽然非常正式，但相对单一，需要其他方式予以补充。而第三种方式容易诱发失序，不宜普遍化，因此，第二种方式就显得格外重要，是国家治理体系和治理能力现代化所必需加强的。

加强弋江区"创二代"联谊会的桥梁功能，可以从两方面着手：一是渠道建设，需要党和政府着力推进；二是能力建设，需要社会组织科学定位自身角色，提升信息搜集与研判、政策设计与倡导、内外协商与整合等能力[③]。

---

① 李荣梅：《社会组织统战工作的目标定位、着力点及制度保障——基于山东省社会组织统战工作的实践》，《山西社会主义学院学报》，2017年第3期，第43—47页。

② 胡献忠：《当代中国政治文化与执政党政策选择》，黑龙江人民出版社2009年版，第213—234页。

③ 孔祥利：《城市基层治理转型背景下的社会组织协商：主体困境与完善路径——以北京市为例》，《中国行政管理》，2018年第3期，第64—68页。

第四章 环境解析:社会组织实施自我服务的条件

本章的主要目的是讨论弋江区"创二代"联谊会成立发展和功能发挥的外部条件。

社会组织是社会主义现代化建设的重要力量,党中央、国务院历来高度重视社会组织工作。改革开放以来,我国社会组织在各级党委和政府的推动下,不断取得发展,也取得了积极成效。从理论上看,国家、市场和社会组织是整个经济社会发展的"三驾马车",皆不可或缺。2004年党的十六届四中全会通过的《关于加强党的执政能力建设的决定》指出:"建立健全党委领导、政府负责、社会协同、公众参与的社会管理格局。"其中,"社会协同"指的就是社会组织功能的有效有序发挥。2012年党的十八大报告指出:"要围绕构建中国特色社会主义社会管理体系,加快形成党委领导、政府负责、社会协同、公众参与、法治保障的社会管理体制,加快形成政府主导、覆盖城乡、可持续的基本公共服务体系,加快形成政社分开、权责明确、依法自治的现代社会组织体制,加快形成源头治理、动态管理、应急处置相结合的社会管理机制"。2013年党的十八届三中全会通过的《关于全面深化改革若干重大问题的决定》指出,在治理体系和治理能力现代化建设的过程中,要"加强党委领导,发挥政府主导作用,鼓励和支持社会各方面参与,实现政府治理和社会自我调节、居民自治良性互动"。党的十九大报告延续了这一论断,强调政府治理与社会自我调节的良性互动。这充分说明社会组织建设及其活力激发、功能发挥得到了党和政府的重视、支持。也正是在这种积极性支持环境中,我国社会组织取得了长足进步。弋江区"创二代"联谊会就是在这种积极环境中成立发展起来的。因此,为更全面地认识弋江区"创二代"联谊会,并进一步阐释社会组织的建设发展路径,需要我们具体讨论其生存环境。

一、直接推动:弋江区探索构建社会组织统战工作体系

从弋江区"创二代"联谊会来看,其直接推动力来自弋江区委统战部探索构建的社会组织统战工作体系。

(一)审时度势:抓住社会组织统战工作新关键

弋江区委统战部依据经济社会发展实际,根据非公有制经济和新阶层人士统战工作的需要,将社会组织统战工作作为凝聚新共识、新力量的新路径,这是其积极探索构建社会组织统战工作体系的新尝试。

第一,将社会组织统战工作作为统一战线工作的新拓展。随着全面深化改革的推进,社会组织发展迅速,数量逐年增加,在全社会各个领域中都发挥着重要作用。截至2018年12月,弋江区本级共有社会组织156个,另有数十家市级社会组织入驻辖区或落地到辖区基层社区开展服务工作。从这个角度看,加强社会组织统战工作体系建设,将社会组织及其从业人员纳入统战工作范畴,是将统战工作从政治、经济、文化领域拓展到社会领域的表现,扩大了统战工作的覆盖面,这也是统战工作新时代发展实际和未来发展趋势。

第二,将社会组织统战工作作为统一战线工作的新手段。社会组织日益成为新社会阶层人士的就业载体,各类社会团体越来越多地成为私营企业和外资企业的管理技术人员、自由职业人员的聚集体。据不完全统计,弋江区本级社会组织专兼职从业人员超过500人,且增速明显;弋江区本级社会团体所含各类单位会员、个人会员数以千计。因此,社会组织是与新社会阶层人士进行有效沟通、对新社会阶层人士实施政治引导的重要载

体。加强社会组织统战工作，推动社会组织协商，发挥社会组织的动员、整合、教育、参与和表达等功能，可以更好地发挥统战工作协调关系、沟通信息、汇聚人才、凝聚共识的优势。

第三，将社会组织统战工作作为激发社会组织活力的新路径。党的十九大报告指出，打造共建、共治、共享的社会治理格局，要"发挥社会组织作用，实现政府治理和社会调节、居民自治良性互动"。弋江区社会组织在非物质救助①、养老服务、关爱老兵、社区治理、基层协商等领域发挥了积极作用。通过社会组织统战工作，充分发挥社会组织党组织的政治核心和引领作用，可以为社会组织把握正确的发展方向，有利于提升社会组织的公信力、资源整合能力、内部治理能力和专业服务能力，推动社会组织充分发挥服务地方经济社会发展的作用，满足人民对美好生活的需求。依托社会组织开展自主治理和自我服务，能够解决很多社会问题，这也是新时代社会治理体系创新所需要的。社会组织的自主治理和自我服务本身也具有整合性，是联结和团结群众的有益纽带②。

依托社会组织开展的公共交往和公共参与，也是人民追求美好生活需要的途径③。总之，激发社会组织活力、发挥社会组织的服务功能，离不开统一战线这一"法宝"。在2015年召开的中央统战工作会议上，习近平指出，人心向背、力量对比是决定党和人民事业成败的关键，是最大的政治。统战工作的本质要求是大团结大联合，解决的就是人心和力量问题。这是我们党治国理政必须花大心思、下大气力解决好的重大战略问题。社会组织活力的激发和功能的发挥，是解决人心向背的重要因素，将之置入统战工作，符合习近平提出的"大统战"战略思想。

第四，将社会组织统战工作作为现代治理的新方法。国家治理体系和治理能力现代化需要党政部门与社会组织的协同联动。一方面，社会组织

---

① 安徽省民政厅、安建增：《安徽省社会救助发展报告（2014—2017）》，科学出版社2019年版，第298—305页。

② 谢建社、张雅婷：《社会治理视野中的社会组织统战现状及其对策》，《广东省社会主义学院学报》，2014年第4期，第28—34页。

③ 郭伦德：《习近平引领统一战线进入新时代》，《团结报（北京）》，2017年11月14日，第08版。

协商是不同组织类型协同联动的基本路径。中共中央2015年印发《关于加强社会主义协商民主建设的意见》,明确将社会组织协商作为社会主义协商民主的基本渠道,与政党协商、人大协商、政府协商、政协协商、人民团体协商和基层协商并列。通过社会组织协商,可以将社会组织的整合和代表功能嵌入制度化的轨道之内。"社会组织在社会主义协商民主中对社会公共生活的稳健运行与有序推进发挥着巨大的凝聚与调控作用"①。另一方面,社会智库也是推动社会组织服务科学民主依法决策的基本手段。社会智库以社会组织为组织形态和法人形式,以战略问题和公共政策为研究对象,以咨政建言、理论研究、社会服务、舆论引导和国际交流等为组织宗旨,可以通过决策咨询制度、民主决策机制、政府协商机制、政府购买服务等参与公共治理②。上述两方面都表明,社会组织是国家治理体系中的基本构成要素,通过统战工作,有助于他们高效有序地参与国家治理,实现公共治理的大团结大联合。

综上所述,新时代的统战工作,要及时回应经济社会发展的新变化,加大对新生代、新阶层的团结力度。社会组织无论是作为统战的对象还是统战的法宝,都是新时代统战工作必须关注的核心主题之一。弋江区"创二代"联谊会作为统战工作的工具和平台,应运而生。

(二)统筹设计:探索构建社会组织统战新体系

在弋江区委的领导下,弋江区以"大统战格局"的构建为目标,探索创新了多层次的社会组织统战工作体系,这既是弋江区"创二代"联谊会出现的关键条件,也是其作用发挥的主要依托。

第一,明确目标:以前瞻性理念引导社会组织统战工作。理念是行动的先导,目标是工作的灵魂。弋江区以"巩固和发展最广泛的爱国统一战线"为目标,在充分认识到社会组织是社会主义现代化建设的重要力量的

---

① 陈思:《我国社会组织参与社会主义协商民主问题研究》,《理论月刊》,2018年第12期,第116—121页。

② 《中国社会智库发展报告(2018)》,《中国社会组织》,2019年第2期,第57页。

基础上，立足当前、着眼长远，将社会组织作为统一战线工作的有机构成部分和大统战格局的基本要素，积极探索与构建多层次的社会组织统战工作体系，推动了社会组织统战工作的制度化、规范化和可持续发展。

第二，健全机制：以精细化操作实施社会组织统战工作。系统谋划的顶层设计需要精细有效的工作机制来实施，社会组织统战工作体系的良性运行和有序开展也需要具体的工作机制来支撑。在弋江区委统战部内部和建有党组织的社会组织中设置社会组织统战联络员，明确其岗位职责，确保社会组织统战工作有人做、能落实；建立党委部门、政府部门、司法机关与社会组织对口联系制度，形成正式的、制度化的沟通联系机制。

第三，创新思路：以多元化举措落实社会组织统战工作。在弋江区委统一领导下，区委统战部积极探索、大胆创新，打出"组合拳"，以多元化举措落实社会组织统战工作。

一是健全社会组织代表人士管理使用机制，提升吸纳社会组织人才的工作力度。将发现、培养和选拔与社会组织有关代表人士作为重要工作，并适时将之纳入党外代表人士队伍建设的总体规划；依法适当增加社会组织人士入选"两代表一委员"的数量；积极举荐社会组织优秀工作者参与各种荣誉评选，发挥典型示范作用。先后有数十名社会组织负责人当选区级以上的"两代表一委员"，成为参政议政的重要力量。同时，弋江区也涌现出一大批社会组织典型，如芜湖市阳光爱心协会周声伍团队先后被评为安徽省"感动江淮志愿者服务典型"和"芜湖市弋江区优秀志愿者服务集体"，芜湖心连心爱心协会胡才虎当选为"第九届芜湖优秀青年"，等等。

二是创新基层协商民主机制，顺畅社会组织协商渠道。2014年以来，弋江区探索实施了"三阶六步循环议事"基层协商民主工作模式，将社区社会组织作为参与协商的主体与渠道，既发挥社会组织自我整合、自我协调和自我教育的作用，又发挥社会组织表达诉求、建言献策的作用，使社会组织成为有序有效协商的基本渠道。弋江区社会组织在业主委员会换届选举工作、门面房搬迁、物业管理纠纷化解、劳资矛盾协调、社区应急管理等方面发挥了积极作用,有多个成功案例。

三是健全沟通对话与知情明政机制,拓宽社会组织参与渠道。弋江区委区政府、各部门召开的各类座谈会、通报会、调研会等都会根据情况邀请相关社会组织、党外代表人士参加,通过这些途径加强了党政部门与社会组织的联系沟通,扩大了社会组织参与公共治理的空间,调动了社会组织参与公共治理的积极性。

四是创新培训机制,加强社会组织代表人士共识教育。弋江区民政局、全国社会组织教育培训基地(安徽师范大学)和弋江区心暖花开社会组织联合会共建"弋江区社区治理学院",为社会组织搭建常态化的培训学习平台,专设社会组织统战工作课程(每期必修2学分,选修2学分),提升基层社会组织工作能力,加强对社会组织代表人士的共识教育和思想引导。

五是加强培育机制建设,促进社会组织统战工作落地生根。弋江区委统战部推动协助弋江区民政局开展"社区社会组织家园"建设工作,已培育16个社区枢纽型社会组织(社区社会组织联合会),为生活服务类、公益慈善类和居民互助类社区社会组织创设党建载体和活动平台,通过"以社管社"的方式,加强社会组织的自我整合和自我协调①。

六是激发社会组织活力,形成最大"公约数"。人民群众的幸福感、获得感和安全感是改革发展的最大公约数,也是凝聚人心的关键之所在,统战工作势必要抓住这一关键。弋江区发挥社会组织统战工作汇聚资源、协调关系等方面的优势,推动芜湖阳光爱心协会、弋江区仁爱儒林社会组织联合会和弋江区乐享社区教育服务协会等社会组织承接、实施了"社区儿童成长教育""致敬老兵"和"爱·护航"等50余个服务项目,为基层困难群众提供了实实在在的服务,有效提升了针对困难群众的救助力度,提升了困难群众的获得感、幸福感和安全感,形成了最大公约数。

通过探索与实施,弋江区社会组织统战工作体系成效初显。一方面,

---

① 田舒:《枢纽型社会组织运作机制:动力、职能与结构》,《理论界》,2017年第8期,第10,118—124页。

社会组织统战工作框架和工作机制基本确立，社会组织统战工作已成为新时代凝聚新力量的重要举措，拓展了统一战线工作的实践领域，创新了统一战线工作的实践方法。另一方面，通过社会组织统战工作，促进了社会组织的健康有序有效发展，充分发挥了社会组织在提供社会服务、化解矛盾纠纷、维护社会和谐稳定、服务地方发展等方面的积极作用，彰显了社会组织统战工作在增强党的阶级基础和扩大党的群众基础中的重要作用。弋江区"创二代"联谊会的成立及其自我服务实践，都是这些成效的具体体现。

二、间接保障：弋江区有效加强社会组织建设培育工作

弋江区的社会组织建设培育工作在近些年取得了积极进展，既为新社会组织的成立提供了支持，也为社会组织的活力激发奠定了基础。弋江区"创二代"联谊会的成立发展与功能发挥都与这种保障条件密切相关。具体而言，除了社会组织监督管理方面的日常工作外，弋江区在加强社会组织建设培育方面着重采取了如下四项措施。

（一）以党的建设引领社会组织

社会组织党建是强化党对社会组织的管理、夯实党在社会组织中的政治核心地位的必由之举[①]。因此，弋江区有关部门将党建引领作为加强社会组织建设的首要工作。

首先，以"三同步"建设提升覆盖面。推动"社会组织注册登记时同步采集党员员工信息""年报年检时同步检查党建工作""评估时同步将党建工作纳入重要指标"的"三同步"建设活动，实现社会组织建设与党建无缝对接、共生共融。组织同步建设机制的建立与实施不仅提高了党组织

---

① 孔卫拿：《引领与自主：对嵌入式社会组织党建的思考》，《安徽师范大学学报》（人文社会科学版），2018年第46卷第3期，第36—41页。

的覆盖面,也提高了社会组织主动开展党建的内驱力。

其次,以联合支部为载体构建社会组织党员家园。区一级社会组织的工作人员和党员数量都相对较少,无法实现一个社会组织建立一个党支部的目标。针对这一现状,弋江区依托区级社会组织孵化培育机构——弋江区心暖花开社会组织联合会,按照"一方隶属、多重参加组织生活"的原则,建立了联合党支部,使社会组织中的党员找到了"家的感觉"和"组织的依托"。

最后,以多元化手段加强社会组织党组织功能建设。社会组织党组织建设本身不是目的,目的是社会组织党建能够发挥其应有的作用。对此,弋江区采取了多种举措:选配优秀党支部书记,夯实基层干部队伍;健全党支部工作机制,严格执行组织生活各项制度,如"三会一课"制度、组织评议制度、谈心谈话制度等,以健全的制度保障支部的规范有效运行,以支部的规范有效运行保障党员发展和党员教育管理服务工作;开展智慧化党建工作,主办"公益传播网",开通了专门的微信公众号,既加强了党支部的工作宣传和普及力度,也为党员提供了分享、交流工作经验与心得的平台。社会组织党支部以精细化工作为手段,服务社会组织内涵建设,比如弋江区心暖花开社会组织联合会党支部每年都根据会员单位的具体需求,制订细致、全面的年度服务计划,明确支部干部服务分工,夯实支部干部服务责任,推动民间爱心组织的规范运行、协同合作;在困难群体与公益力量、社会组织之间发挥桥梁和纽带作用;帮助社会组织健全章程和各项管理制度,完善社会组织内部治理机制;贴近职工群众需求,开展党组织活动,加强人文关怀和心理疏导;等等。

(二) 以三级平台服务社会组织

弋江区民政局积极打造社会组织三级服务平台,涵盖区—街道—社区三级。在区一级,倾力打造弋江区心暖花开社会组织联合会,开展社会组织党建、培育扶持、信息服务、培训交流、购买服务、公益创投和服务督导等工作,发挥社会组织氛围营造、组织孵化、能力建设等功能。在街道一级，通过以奖代补、政府购买服务、公益创投等建立枢纽型社会组织，开展社会组织孵化、备案登记等工作，提升社会组织的覆盖面。在社区一级，利用财政资金和社区资源成立社区社会组织联合会，开展社区服务型社会组织的培育、居民自组织培育、社区志愿服务团队建立等组织建设工作，同时利用公益创投项目、政府购买服务项目开展党员教育、邻里互助、居民融入、纠纷调解、平安创建、环境保护、文体休闲等社区活动。

（三）以空间资源助力社会组织

承认社会组织是现代化建设的重要力量，赋予社会组织以合法性，是社会组织发展的第一步。但这一步仅仅是社会组织发展的环境条件。助推社会组织的发展，发挥其积极功能，还需要积极有效地迈出下一步：赋予其功能空间和可资运作的资源[1]。空间和资源是助推社会组织发展的直接要素。一方面，弋江区将功能发挥作为社会组织建设的着眼点。将非物质救助、老年人福利、儿童福利、残疾人帮扶和社会工作等作为社会组织的功能空间，以此来推动社会组织发展。另一方面，弋江区设立专项资金，通过服务购买、公益创投和以奖代补等方式，给予社会组织以资金支持。更为重要的是，弋江区将空间赋予和资金支持结合了起来，实现"双重促动"——政府担负政策引导、项目设计和资金支持功能，社会组织承接项目利用资金，开展非物质救助等各种服务。这种"双重促动"既明确了社会组织做什么和怎么做的问题，又解决了社会组织资源缺乏、无力运作的问题，满足了组织发展与公共服务的"双重实现"。这是一条非常值得肯定的社会组织建设路径。

在"双重促动"的过程中，弋江区还将"三社联动"嵌入其中。具体做法是：在实施服务购买项目和公益创投项目的过程中，要求参与竞标的社会组织必须先行获得落地社区的支持，落地社区签署意见并加盖公章后才具备竞标资格；同时，要求竞标社会组织除了提供专业服务之外，还需

---

① 阮云星，等：《吸纳与赋权：当代浙江、上海社会组织治理机制的经验研究》，浙江大学出版社2016年版，第72—73页。

通过社工和义工"两工互动"为载体培养社区志愿者队伍、社区自组织，为受助对象搭建固化的社区和社会支持网络，促进其自助互助。社区志愿者队伍和社区自组织的培育，提高了项目的实效和可持续性，项目结束了，但服务团队仍在，服务内容不减。这种嵌入式举措，表面上以"三社联动"为目标，实际上也是拓展社会组织功能空间和资源来源的举措——面向基层民众的服务有助于提升社会组织的社会认知度和认同度，为其介入社区治理、服务基层提供了基础；社区治理关涉党和政府多个部门，社会组织在社区基层的功能发挥，有助于撬动各个部门的资源，形成全面支持社会组织发展的新格局[1]。

（四）以固化机制培训社会组织

针对社会组织运营能力缺乏、人员素质不高等现象，弋江区民政局牵头，与全国社会组织教育培训基地（安徽师范大学）、弋江区心暖花开社会组织联合会等联合组建"弋江区社区治理学院"。共建主体之间通过签订合约的方式展开合作。弋江区民政局发挥政策引导、资金支持等作用；弋江区心暖花开社会组织联合会具体实施社区治理学院建设项目，负责场地提供、学员组织、课程安排、活动宣传、培训考勤和过程记录等；全国社会组织教育培训基地（安徽师范大学）为社区治理学院提供师资支持、专业指导，对学员进行考核，印制发放结业证书等。

弋江区治理学院每年一期（3—6月份），参训对象包括社会组织负责人、业务骨干以及社区工作者，经报名选拔后免费参训。课程包括党建孵化模块（含统战工作）、志愿服务模块、社区工作模块、能力建设模块、公益创投模块等。

弋江区治理学院采取学分制管理，每个学员需获得必修课18学分、选修课10学分，方可结业；其中，必修课程要求学员必须参加，并获得相应学分；选修课不要求学员必须参训，但需达到要求的最低学分。采取多元

---

[1] 安建增、孔卫拿、袁玉琴：《社会组织与社会服务：芜湖社会组织发展报告（2016）》，安徽师范大学出版社2018年版，第131页。

化的教学形式，如集中授课、经验分享、现场观摩、主题沙龙、实操训练、交流研讨和案例解析等。

据介绍，弋江区治理学院有如下特色：一是持续性。不是以单次的培训形式展开，而是在"学分制"下，每年一期，每期持续2—3个月时间，且以"学分制"的方式进行考核和督促，旨在打造固化的社会组织能力建设机制。二是协同性。由多个主体共同组建，各司其职、优势互补、协同联动，有助于保证教学质量。三是互动性。在具体的培训过程中，超越单纯的授课式培训，注重通过启发式、讨论式、参与式教学方法，如经验分享、现场观摩、主题沙龙、实操训练、交流研讨和案例解析等；学员进行经验分享，给予分享者选修学分，通过分享实现社会组织间的相互学习、共同进步。鼓励学员根据自己的工作需求和实践中遇到的问题提出课程需求，主办方依据学员需求有针对性地设置培训课程，通过与学员的互动实现课程设置的"点菜模式"。例如，在2018年弋江区公益创投项目中期评估即将展开时，经由学员们的提议专门开设了"公益创投项目总结通识"一课。四是实操性。切实针对社会组织党建、社会组织内部治理、公益创投社区营造和"三社联动"等具体问题设置课程，以操作性、实践性为标准选择师资、选定授课内容，这为课程吸引力和培训效果的提升奠定了基础。五是系统性。培训内容涵盖社会组织党建、公益创投、"三社联动"、社区服务、非物质救助和社会组织能力建设等多个层面，实现了社会组织建设的系统性。

第五章　发展对策:社会组织自我服务工作创新

本章以新时代社会组织自我服务、社会组织统战工作的发展和创新为着眼点,依据现存的问题和困境,提出对策和建议。

一、营造氛围

新事物被接受、新途径被认可,都需要一定时间。社会组织自我服务和社会组织统战工作在目前虽然日益得到重视,但仍存在边缘化倾向[①]。与社会组织数量的培育、能力的培训、活力的激发相比,与民主党派成员、海外侨胞、港澳台胞、宗教人士和工商界相比,社会组织统战工作的受重视程度还不够。因此,需要营造社会组织统战氛围,通过思想上的重视来推动政策上的关注、资源上的倾斜、行动上的落实。

(一) 提高认识

只有认识到社会组织统战工作是新时期党的工作的有机构成,认识到社会组织统战工作是加强和创新社会治理体系的必备手段,认识到社会组织统战工作与新时代的需要还有差距,才能改变社会组织统战工作的边缘

---

① 吴东民、游文佩:《社会治理与社会组织统战工作》,《中央社会主义学院学报》,2016年第2期,第37—41页。

地位，使其能够与其他统战领域同规划、同部署①。

提高认识需要从三方面推进：一是提高党政部门对社会组织统战的认识，正确认识其重要性、紧迫性，形成以党委领导、统战部门牵头、全部门协同的社会组织统战格局。二是提高社会组织自身对社会组织统战的认识，正确认识其在自主治理、自我服务和自我整合方面的作用，正确认识其在社会服务和公共交互方面的作用，积极投身到统战工作当中，发挥团结整合作用而不是分化离散作用。三是提高全社会对社会组织统战的认识，正确认识社会组织的作用，提升全社会对社会组织的认知和认同，为社会组织赋予较强的社会合法性②。

提高认识的最终目的，是使社会组织不再是全社会中的边缘组织，而是具有与政府、企业一样的正常组织，具有较强就业吸引力，可以作为人们安身立命的组织共同体和工作业态。

（二）统筹谋划

社会组织统战工作涉及多个部门，诸如统战部门、组织部门、民政部门等，需要加强顶层设计，统筹谋划，以此来实现"全部门支持"的氛围。

一方面，各级党委在战略高度，统筹规划和部署社会组织统战工作，将之与其他统战领域同等对待。可将社会组织统战工作及其效果列为考核指标，以考核倒逼各级党委重视社会组织统战工作的加强③。

另一方面，将社会组织统战与社会组织党建、社会组织建设和社会治理创新等结合起来，统筹推进。既提升社会组织统战的重要性程度，又使社会组织统战嵌入其他公共治理实践中，彰显社会组织统战实效，加强全社会对社会组织统战的认知和认同。

---

① 李芳尚：《新时期社会组织统战工作探析》，《山西社会主义学院学报》，2013年第3期，第20—23页。

② 王绽蕾、霍艳丽、安建增：《论我国NGO的合法性建构》，《云南行政学院学报》，2004年第6期第50—53页。

③ 吴东民、游文佩：《社会治理与社会组织统战工作》，《中央社会主义学院学报》，2016年第2期，第37—41页。

（三）加大宣传

在基层缺乏土壤的事物，是无法很好落地生根、茁壮成长的。客观而言，社会组织统战在社会基层的认知度和认同度都不高。因此，需要加大针对社会组织的宣传。

一方面，充分利用各种媒介宣传社会组织统战工作。包括社会组织统战工作的意义、形式、成效，也包括社会组织统战工作中涌现出来的典型组织、典型作法、典型人物等。以公共媒介的宣传来培养社会组织统战意识，营造支持性氛围。

另一方面，有效利用典型示范推动社会组织统战工作。统战部门、社会组织登记管理机关有意识地培育一些典型组织和典型作法，予以系统整理和分析，将之作为社会组织统战的工作示范和学习榜样，以点带面、逐步推进。

二、理顺体制

社会组织统战工作需要党政部门协同发力，或者说，仅靠统战部门与民政部门是不够的[①]。因此，需要理顺社会组织统战工作体制。

（一）出台制规范度

健全社会组织统战工作体系，是实现社会组织统战工作目标、发挥社会组织统战功能的关键。应依据党的有关方针和政策，在市和区两级出台两个规范性文件：《社会组织统战工作实施意见》和《社会组织协商实施意见》。在这两个规范性文件中，都应涉及总体要求、目标任务、具体措施和保障条件等内容。前者针对社会组织统战工作的综合性部署和安排，

---

① 于洋：《社会治理创新中的社会组织统战工作研究》，《上海市社会主义学院学报》，2016年第1期，第51—56页。

后者针对社会组织统战工作的主要内容即社会组织协商展开，以此为切入点，逐渐推进其他层面的工作。需要指出，目前已有部分市、区出台了相关意见，但实施效果需要检验，政策措施需要逐步完善。

（二）推动部门协同

一方面，制定《社会组织统战工作联席会议制度》，形成了"党委统一领导、统战部门牵头协调、民政等政府有关部门参与的社会组织统战工作协调制度"。明确联席会议成员及其各自职责，明确联席会议召开规则、议事规则、决策规则和执行规则，通过联席会议协调议事、通报信息、研究工作。重要的是，联席会议制度的建立和有效执行，有助于统筹推进社会组织统战工作体系，整合多种支持性要素，协调行动、提升合力。

另一方面，切实实现社会组织统战工作与其他社会组织建设工作"同规划同部署同安排"[1]。具体而言，就是将社会组织统战工作与综合治理、社会服务、文化建设、经济建设、生态建设等领域结合起来，既赋予社会组织统战以具体的内涵，又通过其他领域的资源来推动社会组织统战；反过来，通过发挥社会组织统战的优势，又可以推动其他领域的发展[2]。

三、建设载体

社会组织统战工作的基本载体是社会组织。因此，加强社会组织建设，促进社会组织健康有序发展，是做好社会组织统战工作的基本要求。

（一）提高社会组织数量

社会组织具有自我整合作用。加强社会组织统战工作，发挥社会组织

---

[1] 王焕培：《关于社会组织统战工作的思考》，《湖南省社会主义学院学报》，2011年第4期，第56—58页。

[2] 于洋：《社会治理创新中的社会组织统战工作研究》，《上海市社会主义学院学报》，2016年第1期，第51—56页。

自我服务和自主治理等功能,首先要求相应的社会组织的存在,即社会组织自我服务网络的搭建。因此,民政部门、统战部门等应切实提高社会组织的数量,以此来夯实统战工作载体。既要引导社会公众有序成立社会组织,又要依托枢纽型社会组织为新设社会组织提供登记注册、办公条件、运营资源和人才资源等方面的支持,还要依法通过以奖代补、服务购买和公益创投等方式为社会组织提供功能空间和资源支持。

(二)提升社会组织能力

能力是社会组织开展自我服务和自主治理的内在条件。如果缺乏相应的能力,社会组织数量的提高将毫无意义。可以说,能力水平是衡量社会组织培育发展质量的基本指标,也是提升社会组织统战工作的前提保证。对于社会组织能力建设,有如下几方面需要注意。

第一,能力建设的前提是人力资源建设。因此,要大力推动社会组织专职化和专业化,以适量、专门、专业的人力资源夯实社会组织运行之基。要通过健全推荐制度,依法将社会组织人才推荐为党代表、人大代表、政协委员,推荐社会组织人才到合适的岗位进行挂职锻炼,等等。通过这些举措培养社会组织领军人物,将社会组织精英和人才聚焦到党的周围;同时,也通过这些举措培养社会组织与党政部门的互动能力,如社会组织人力资源开发与建设。需要指出,人才是社会组织其他能力的基础,也是社会组织能力所赖以附着的载体。如果人力资源开发与建设能力缺乏,将会对社会组织发展构成严重阻滞。

第二,能力建设的内容涉及多个层面。健全的社会组织应该具备多层面的能力,诸如内部治理能力、外部适应能力和专业服务能力等,需要统筹推进、全面发展。

第三,能力建设的举措要满足三个要求。一是适应性,依据社会组织的业务范围、发展阶段和组织规模等,开展有针对性的能力培育工作。二是系统性,支撑社会组织运营的能力有很多种,如果只针对一种展开培训和建设,则社会组织仍可能是"瘸脚"的。因此,需要系统设计能力建设措施，全面推进社会组织能力建设。三是层次性，能力有大有小，对于社会组织能力建设而言，要以治理现代化为依据，使其能够适应新时代的需要。

（三）解决社会组织难题

每一个社会组织在运行、发展的过程中，都可能面临着一些困难。有关部门要依法展开"情感管理"，及时发现社会组织存在的问题，或建立制度化渠道及时接受社会组织的问题反馈，协调关系、链接资源，为其赋能，帮助其渡过难关。这既有助于提高社会组织的自我服务和自主治理能力，又能够增进党政部门和社会组织之间的良性互动。另外，要推动各种社会组织之间相互学习（如自我服务方法、内部治理经验等），通过学习来解决社会组织自身所面临的问题。

四、健全机制

健全的工作机制是社会组织统战成效的保证。完善社会组织统战工作机制，需要从以下几方面着手。

（一）完善联动机制

以常态化、智慧化为原则，完善社会组织与党政部门的联动机制[1]。比如，建立社会组织统战联络员微信群（可称为"社会组织统战工作联络站"），形成便捷顺畅的工作联络机制和信息沟通机制。在社会组织集中的区域、行业建立"社会组织统战工作站"或"社会组织统战工作室"[2]。引导成立"社会组织统战工作联合会"，为社会组织代表人士提供联谊交

---

[1] 谢建社、张雅婷：《社会治理视野中的社会组织统战现状及其对策》，《广东省社会主义学院学报》，2014年第4期，第28—34页。

[2] 于洋：《社会治理创新中的社会组织统战工作研究》，《上海市社会主义学院学报》，2016年第1期，第54页。

流、相互学习、建言献策的平台;也可以依托现有的枢纽型社会组织(如社会组织联合会、社会组织培育中心、社会组织孵化器)建立"社会组织统战之家",赋予枢纽型社会组织统战工作职责[1]。

另外,统战部门与民政部门协同建立社会组织人才数据库。对社会组织中的专职人员、会员单位、会员个人、志愿者等信息进行全面统计,并实时更新、动态管理,为社会组织统战和监管工作提供信息保障。可以研制开发一个信息软件,社会组织、业务主管单位、登记管理机关以及统战部门等在各自权限范围内,登录端口,适时交互信息。

(二) 健全参与机制

社会组织统战工作的主要内容之一就是为有序参与创造条件,使社会组织在政府与社会之间发挥桥梁作用。因此,需要健全社会组织公共参与机制。比如社会组织协商机制、民主恳谈机制、座谈会、谈心会、调研会和政策宣讲会等。重要的是,要以常态化、制度化的方式推进社会组织的公共参与,使每一个社会组织都有便捷的渠道参与公共治理。

另外,除了面向组织之外的公共参与之外,社会组织内部也要健全参与机制,强化民主治理,这是增强社会组织内部凝聚力、提升社会组织自我服务效能的关键。

(三) 强化支持机制

如前文所述,社会组织统战实效的达成需要赋予社会组织功能空间,给予社会组织资源支持。对于这一点,一方面,统战部门和民政部门要利用专项经费,为社会组织提供教育培训,同时通过以奖代补、购买服务和公益创投等方式支持社会组织发展。另一方面,统战部门和民政部门要扮演倡导者角色,推动其他党政部门在各自的职能范围内,开展专项资助、购买服务和公益创投等工作,拓展社会组织的功能空间,丰富社会组织的

---

[1] 吴东民、游文佩:《社会治理与社会组织统战工作》,《中央社会主义学院学报》,2016年第2期,第37—41页。

资金来源，形成"全部门支持格局"。[①]

五、规避风险

社会组织不是完美无缺的天使，也有失灵的时候，面临本位主义、内部失效等风险。因此，不仅要对其采取发展支持策略，而且要对其实施风险规避举措。

（一）政治引领

加强社会组织党建，发挥党员先锋模范作用，发挥社会组织党组织在保证政治方向、团结凝聚群众、推动事业发展、建设先进文化和服务人才成长等方面的功能，通过社会组织党建来为社会组织统战和社会组织服务提供组织保障和方向引领，通过社会组织统战和社会组织服务来体现社会组织党建的优越性，实现党建、统战和服务的共融互促。

（二）依法监管

对于社会组织监管，坚持放管并重。"放"，旨在赋予社会组织以功能空间，给予社会组织资源支持；"管"，旨在通过年检、审计、专项监督抽查、联合执法和评估等，推动社会组织诚信自律；使社会组织的内部治理、业务活动、对外交往等严格依照法律法规进行，促进社会组织健康有序发展。通过依法监管，切实规避社会组织"集团利己主义"和"离散性"等取向[②]。

---

① 安建增、孔卫拿、袁玉琴：《社会组织与社会服务：芜湖社会组织发展报告（2016）》，安徽师范大学出版社2018年版，第131页。

② 罗伯特·帕特南：《独自打保龄：美国社区的衰落与复兴》，刘波、祝乃娟、张孜异，等译，北京大学出版社2011年版，第12页。

（三）加强评估[①]

评估在本质上是一种总结、反思和激励。加强和创新社会组织统战工作，也需要建立健全相应的评估机制。统战部门和民政部门应在社会组织统战工作评估的指标体系、主体选择、操作实施、结果运用等方面完善评估工作机制。通过评估，研判上一阶段工作的得失，查找原因，进而谋划下一阶段工作。对于社会组织统战工作评估，要注意如下几点：一是指标设计与选取要科学；二是评估信息来源要多元化；三是评估结果运用要严格；四是评估方式可以多样化；五是评估本身也需要评估，以实现持续优化和改进的目标。

---

① 吴东民、游文佩:《社会治理与社会组织统战工作》,《中央社会主义学院学报》,2016年第2期,第37—41页。

参考文献

一、中文著作

[1]白少飞.慈善组织能力建设[M].北京:中国社会出版社,2016.

[2]陈德权.社会组织管理概论[M].北京:清华大学出版社,2016.

[3]崔向华,张婷.非营利组织管理导引与案例[M].北京:中国人民大学出版社,2013.

[4]丁元竹.社会治理现代化的探索[M].北京:国家行政学院出版社,2016.

[5]范召全.成都市社会组织治理实证研究[M].上海:上海社会科学院出版社,2017.

[6]冯梦成.引导型社会组织发展模式研究[M].上海:上海人民出版社,2017.

[7]冯仕政."治国理政新理念新思想新战略"研究丛书 社会卷 社会治理新蓝图[M].北京:中国人民大学出版社,2017.

[8]韩俊魁.清华明德工具丛书 非营利组织项目管理[M].北京:社会科学文献出版社,2015.

[9]何水.社会组织参与服务型政府建设:作用、条件与路径[M].北京:中国社会科学出版社,2015.

[10]胡仙芝,余茜,陈雷,等.社会组织化发展与公共管理改革[M].北京:群言出版社,2010.

[11]胡雪萍.公民个体与社会组织:马尔科维奇民主思想研究[M].上海:上海人民出版社,2013.

［12］黄浩明.民间组织操作指南［M］.北京:对外经济贸易大学出版社,2009.

［13］贾霄锋.社会转型加速时期社会组织介入社会问题治理研究［M］.成都:西南交通大学出版社,2016.

［14］金锦萍.非营利法人治理结构研究［M］.北京:北京大学出版社,2005.

［15］靳建新.民间组织运作及管理文集［M］.昆明:云南大学出版社,2006.

［16］井世洁.组织发展与社会治理:以乡村合作社为中心［M］.北京:中国经济出版社,2017.

［17］康晓光.权力的转移——转型时期中国权力格局的变迁［M］.杭州:浙江人民出版社,1999.

［18］康晓强.社会建构的逻辑:中国社会组织发展论纲［M］.北京:中国政法大学出版社,2017.

［19］孔卫拿,安建增,徐彬.芜湖市三潭社区基层协商民主建设:理论、实践与政策［M］.芜湖:安徽师范大学出版社,2016.

［20］孔卫拿.社会组织党建研究［M］.芜湖:安徽师范大学出版社,2018.

［21］李家龙.自我管理的要素与实现［M］.北京:机械工业出版社,2011.

［22］廖鸿,石国亮,蔡波毅,等.社会组织人力资源开发与管理［M］.北京:中央编译出版社,2017.

［23］林修果.非政府组织管理［M］.武汉:武汉大学出版社,2010.

［24］刘春湘.社会组织运营与管理［M］.北京:经济管理出版社,2016.

［25］陆璇.中国非营利组织法律实务丛书 社会组织内部治理法律与实务研究［M］.北京:法律出版社,2018.

［26］罗家德,梁肖月.社区营造的理论、流程与案例［M］.北京:社会科学文献出版社,2017.

［27］彭宗超,马奔,刘涛雄.合作博弈与和谐治理:中国合和式民主研究［M］.北京:清华大学出版社,2013.

[28]乔东平,高克祥,等.政府与社会组织的合作:模式、机制和策略[M].北京:华夏出版社,2015.

[29]阮云星,等.吸纳与赋权:当代浙江、上海社会组织治理机制的经验研究[M].杭州:浙江大学出版社,2016.

[30]孙立平,晋军,何江穗,等.动员与参与——第三部门募捐机制个案研究[M].杭州:浙江人民出版社,1999.

[31]陶传进.社会公益供给——NPO、公共部门与市场[M].北京:清华大学出版社,2005.

[32]王名,刘国翰,何建宇.中国社团改革——从政府选择到社会选择[M].北京:社会科学文献出版社,2001.

[33]王名.社会组织论纲[M].北京:社会科学文献出版社,2013.

[34]王名.中国民间组织30年:走向公民社会[M].北京:社会科学文献出版社,2008.

[35]王世强.社区服务项目设计[M].北京:中国社会出版社,2017.

[36]王水雄.博弈—结构功能主义:对和谐社会基本功能机制的探讨[M].北京:中国人民大学出版社,2012.

[37]徐本亮.社会组织管理精要十五讲[M].上海:上海社会科学院出版社,2018.

[38]徐家良,等.社会组织的结构、体制与能力研究[M].北京:中央编译出版社,2012.

[39]徐晞.我国非营利组织治理问题研究[M].北京:知识产权出版社,2009.

[40]曾凡木,赖敬予.睦邻·自治·社区治理:上海嘉定区案例集[M].北京:社会科学文献出版社,2017.

[41]张澧生.社会组织治理研究[M].北京:北京理工大学出版社,2015.

[42]张静.法团主义[M].北京:中国社会科学出版社,2015.

[43]张静.社会组织化行为:案例研究[M].北京:社会科学文献出版社,2018.

[44]张康之,张乾友.公共生活的发生[M].北京:高等教育出版社,2010.

[45]张康之,张乾友.共同体的进化[M].北京:中国社会科学出版社,2012.

[46]朱国云.组织理论:历史与流派[M].南京:南京大学出版社,2014.

二、论文

[1]陈思.我国社会组织参与社会主义协商民主问题研究[J].理论月刊,2018(12):116-121.

[2]龚万达.社会资本视角下社会组织协商能力建设研究——对十九大报告"统筹推进社会组织协商"的思考[J].江苏大学学报(社会科学版),2018,20(6):74-80.

[3]胡艳蕾.社会组织参与协商民主的路径思考[J].山东省社会主义学院学报,2017(4):44-52.

[4]康晓强.社会组织:我国协商民主建设的新生长点[J].理论视野,2016(5):43-47.

[5]康晓强.社会组织一定促进协商民主吗?——对国外文献的评述和批判性考察[J].马克思主义与现实,2018(1):150-156.

[6]孔祥利.城市基层治理转型背景下的社会组织协商:主体困境与完善路径——以北京市为例[J].中国行政管理,2018(2):64-68.

[7]李荣梅.社会组织统战工作的目标定位、着力点及制度保障——基于山东省社会组织统战工作的实践[J].山西社会主义学院学报,2017(3):43-47.

[8]罗家德,孙瑜,谢朝霞,等.自组织运作过程中的能人现象[J].中国社会科学,2013(10):86-101.

[9]罗家德.关系与圈子——中国人工作场域中的圈子现象[J].管理学报,2012(2):165-171,178.

[10]庞超.社会组织协商的成长逻辑、学理分析与完善路径[J].学习论坛,2017,33(3):76-80.

[11]彭彦.社会组织在协商民主体系构建中的重要价值[J].人民论坛,

2016(35):54-55.

[12]谈火生,苏鹏辉.我国社会组织协商的现状、问题与对策[J].教学与研究,2016(5):25-33.

[13]吴东民,游文佩.社会治理与社会组织统战工作[J].中央社会主义学院学报,2016(2):37-41.

[14]谢建社,张雅婷.社会治理视野中的社会组织统战现状及其对策[J].广东省社会主义学院学报,2014(4):28-34.

[15]徐珣.社会组织嵌入社区治理的协商联动机制研究——以杭州市上城区社区"金点子"行动为契机的观察[J].公共管理学报,2018,15(1):96-107,158.

[16]于洋.社会治理创新中的社会组织统战工作研究[J].上海市社会主义学院学报,2016(1):51-56.

[17]袁江永.试论社会组织统战工作的问题与对策——以山东省寿光市为例[J].山东省社会主义学院学报,2017(1):73-79.

[18]周红云.中国社会组织管理体制改革:基于治理与善治的视角[J].马克思主义与现实,2010(5):113-121.

三、外文译作

[1]C.格鲁特尔特,T.范·贝斯特纳尔.社会资本在发展中的作用[M].黄载曦,杜卓君,黄治康,译.成都:西南财经大学出版社,2004.

[2]W.理查德·斯科特,杰拉尔德·F.戴维斯.组织理论:理性、自然与开放系统的视角[M].高俊山,译.北京:中国人民大学出版社,2011.

[3]W.理查德·斯科特.制度与组织——思想观念与物质利益:第3版[M].姚伟,王黎芳,译.北京:中国人民大学出版社,2010.

[4]埃莉诺·奥斯特罗姆.公共事物的治理之道——集体行动制度的演进[M].余逊达,陈旭东,译.上海:上海三联书店,2000.

[5]埃莉诺·奥斯特罗姆.公共资源的未来:超越市场失灵和政府管制[M].郭冠清,译.北京:中国人民大学出版社,2015.

[6]艾里希·弗洛姆.健全的社会[M].孙恺祥,译.上海:上海译文出版社,2011.

[7]安东尼·吉登斯.社会的构成:结构化理论大纲[M].李康,李猛,译.北京:生活·读书·新知三联书店,1998.

[8]菲利普·塞尔兹尼克.社群主义的说服力[M].马洪,李清伟,译.上海:上海人民出版社,2009.

[9]斐迪南·滕尼斯.共同体与社会:纯粹社会学的基本概念[M].林荣远,译.北京:商务印书馆,1999.

[10]丽莎·乔丹,彼得·范·图埃尔.非政府组织问责:政治、原则与创新[M].康晓光,等译.北京:中国人民大学出版社,2008.

[11]罗伯特·D.帕特南.使民主运转起来:现代意大利的公民传统[M].王列,赖海榕,译.南昌:江西人民出版社,2001.

[12]罗伯特·K.默顿.社会理论和社会结构[M].唐少杰,齐心,等译.南京:译林出版社,2015.

[13]玛丽恩·R.弗莱蒙特-史密斯.非营利组织的治理——联邦与州的法律与规制[M].金锦萍,译.北京:社会科学文献出版社,2016.

[14]曼瑟尔·奥尔森.集体行动的逻辑[M].陈郁,郭宇峰,李崇新,译.上海:上海人民出版社,1995.

[15]尼克拉斯·卢曼.信任:一个社会复杂性的简化机制[M].瞿铁鹏,李强,译.上海:上海人民出版社,2005.

[16]托马斯·沃尔夫.管理21世纪的非营利组织[M].胡春艳,董文琪,译.北京:商务印书馆,2016.

[17]威尔·金里卡.自由主义、社群与文化[M].应奇,葛水林,译.上海:上海译文出版社,2005.

[18]尤尔根·哈贝马斯.交往行动理论(第一卷)——行动的合理性和社会合理化[M].洪佩郁,蔺菁,译.重庆:重庆出版社,1994.

[19]詹姆斯·P.盖拉特.非营利组织管理[M].邓国胜,等译.北京:中国人民大学出版社,2013.

后　记

在新时代，社会组织在经济社会发展中所扮演的角色势必更为重要。因此，社会组织统战必将成为新时代统一战线工作的重要着力点。弋江区委统战部在社会组织统战方面进行了积极探索，受其委托，我们以社会组织统战为题，以社会组织与自我服务为切入点，以弋江区"创二代"联谊会为例，进行了理论探讨和实证研究，形成了本书。

感谢弋江区委统战部对本研究的资助。感谢弋江区委常委、统战部长陈胜江同志对本研究的关心。陈部长是本研究项目的设计者，还对本书初稿提出了非常有见地的修改意见。感谢弋江区委统战部的陶定跃、李胜敦、陈同才、吴祥飞、戴斯和陈剑等同志，他们在联络访谈对象、书稿修订等方面做出了很大贡献。

感谢弋江区"创二代"联谊会贾真会长，以及各位受访会员。在与他们的交流中，我们不仅学习到了他们的创新思维、奋斗精神，而且获得了丰富的第一手资料。这些第一手资料是本研究最直接的依据。如果没有他们的配合，本研究将无从下手。

感谢安徽师范大学历史与社会学院顾凌书记和徐彬院长。两位领导对我所在的"社会组织研究团队"十分重视，不仅在精神上鼓励鞭策我们，而且在研究经费、人员调配、研究对象联络等方面给予大力支持。本书的撰写和出版凝结着他们的付出和帮助。

感谢安徽师范大学"社会组织研究团队"的所有成员。他们是叶德明、李薇薇、夏春、朱丽霞、何晔、钟颖、孔卫拿、丁建文和徐佳。在与团队成员的交流研讨中，我获得了很多研究灵感，也得到了很多文献资料的信息。希望我们团队可以一如既往地相互支持，共同进步。

感谢研究生叶晓玉、戴莹、林芳卉、李敏、李明楠、程莹、王晴、陶健、邱羽和王雨兵。忘不了他们冒着炎炎烈日奔赴各会员企业进行调研，忘不了他们反反复复地整理访谈记录，一遍又一遍地校对书稿。没有他们的参与和付出，本研究的推进速度绝对会慢很多。

感谢家人的支持和理解。

感谢安徽师范大学出版社吴毛顺、盛夏、丁翔编辑。他们很专业，也很敬业，为本书的出版付出了辛勤的劳动。

在研究过程中，我们参考了很多研究者的研究成果，这里一并感谢。

受时间、精力和能力所限，本书肯定有很多不足之处，敬请读者批评指正。

安建增

2019年1月